エンカウンターとは何か

教師が学校で生かすために

國分康孝
國分久子
片野智治
岡田弘
加勇田修士
吉田隆江

図書文化

まえがき

平成十一年から十二年にかけてテレビ・新聞など報道機関からエンカウンターに関する取材が増えてきた。ある新聞記者に「なぜエンカウンターのことを知っているのか」と問うたところ、「ある大きな書店に『エンカウンターで学級が変わる』（図書文化）が平積みされていた。そこでどんな本だろうと立ち見をしている間に、次々とその本が売れていった。それが機縁でエンカウンターの勉強をし始めた」という。

またある記者は、「エンカウンターのビデオ（製作：テレマック、販売：図書文化）を見て興味をもった」と答えた。

というわけで、エンカウンターのマニュアルめいた本が世人の興味を引いている。そして、エンカウンターの実践者も年々増加している。

ところがこういう問いが出てきた。

エクササイズを流すと児童生徒が、「またエンカウンターをしたい」と喜んでくれる。

しかし、エンカウンターとはこれだけのことか、と。つまり、ハウツーだけでなく、エンカウンターの本質を語ってくれる本はないか、と。

そこで、This is encounter. と宣言できる本、しかも、構成的グループエンカウンターになじみの薄い方にもわかる本、さらにエンカウンターのリーダーにとっては必要不可欠の知識を確認する本を企画した。それが本書である。

平成十二年十月

著者代表　國分康孝

Contents

エンカウンターとは何か
教師が学校で生かすために

まえがき……3

第1章　なぜいまエンカウンターか
――カウンセリングを超えるもの　13

1　伝統的カウンセリングを超えるものを――グループアプローチで……15
古典派の限界／予防・開発的カウンセリング／古典派の限界を補うもの――折衷主義とエンカウンター／現代人の問題――人間関係の希薄化と自己疎外／ゲームを超えるもの／感情の変容と新しい行動の体得

2　構成法に理論はあるか――カウンセリング諸理論の応用……26
ベーシックエンカウンターと構成的グループエンカウンター／構成的グループエンカウンターの原理は「枠」の設定／枠を設定する三つの意図／エンカウンターの理論はカウンセリング理論の応用／①心的外傷の予防②自己開示の促進③現実原則の学習／

エンカウンターは個の自由を提唱する

3 エンカウンターで学級が変わるだけか――学級の壁を超えるもの……41

学級の外でも有効なエンカウンター／教師をサポートする動き／教師のサポートグループ／人権教育とエンカウンター／ゲーム（遊び）とエンカウンター（親密さ）

第2章 エンカウンターのよしあしとは――決め手はリーダーの自己開示とスキル 55

1 よくないエンカウンター……58

よくないエンカウンターの定義／よくないエンカウンターが行われているときの様子

①リーダーの立ち居振る舞いが整いすぎている②リーダーの説明がくどかったり、抽象的になっている③リーダーの指示があいまいである④ねらいがよく伝わっていない⑤リーダーが自分でしてみせない（デモンストレーションしない）⑥エクササイズに時間がかかりすぎる⑦ルールが守られていない⑧リーダーがメンバーの事前の理解を踏まえてアレンジしていない⑨リーダーの力量以上のエクササイズを展開している

2　よいエンカウンター……68
よいエンカウンターの定義／よいエンカウンターが行われているときの様子／よいエンカウンターが行われているときのリーダーの様子○リーダーの姿勢（自己開示・リーディング・指示）○メンバーに対する理解・配慮・介入○ネガティブな反応・抵抗があったとき○準備（エクササイズ）○準備（環境など）○エクササイズ終了時／よいエンカウンターが行われているときのメンバーの様子○メンバーのレディネス・意識○役割に対する意識・行動○グループとメンバーの関係
3　エンカウンター上達のツボ……80
グループを構成する理由／エクササイズの展開（基本原理）①エクササイズのねらいの提示②インストラクション（導入）の実施③デモンストレーション（お手本）の実施④エクササイズ（課題）の展開⑤インターベンション（介入）の実行⑥シェアリング（わかちあい）の実施⑦フィードバック（定着）の実施／基本原理ないところに成長なし

第3章　エンカウンターとはエクササイズのことか
――日常に生きるもの

87

1　**エクササイズをすればエンカウンターか……88**
エクササイズがないとできない？／エクササイズの価値と効果／エクササイズを流せばいいのか／エクササイズは「触媒」／ホンネでかかわる――自分とそして子どもたちと／日常のかかわりの中で

2　**私自身はエンカウンターで何が変わったか……97**
生き方が楽になった／一人でも生きることができる勇気／自分自身が好きになる／職場の人間関係が柔軟になる／授業がしやすくなった／関係が早くつくれ、話が深くなった

3　**日常生活に生きる具体例……106**
エンカウンターの精神で生きるとは／エンカウンターの技法を生かす／①インストラクション②自己開示③介入／集団の中の個がみえる／自分を伝える授業／シェアリングのある授業／自由な面接ができる／保護者の対応がうまくなる／日常の中で自

分を見つめ直す
4 エンカウンター実践者の声……119

第4章 リーダーは受容すればよいのか ——介入上手なでしゃばり者

125
1 介入とは何か……126
介入の目的／介入が必要なとき／①グループの雰囲気が後ろ向きのとき②抵抗を起こしているとき③ルールが守られていないとき④グループになじめないメンバーを見つけたとき⑤心的外傷を受けたメンバーがいたとき／介入の種類と方法／①受容——ワンネスの世界を築く／②繰り返し——思考・感情・行動の拡大・修正のきっかけをつくる③明確化——自己理解・他者理解を深める④支持——自信をもたせる⑤質問——あいまいな進行を防ぐ⑥自己開示——メンバーの気づきのきっかけをつくる⑦フィードバック——相互のシェアリングを促進する⑧リフレーミング——思い込みに気づかせる⑨示唆、助言、説明、教示、コメントの留意点

2　上手な介入と下手な介入……142
ゲシュタルト療法・論理療法等を生かした介入の見本／トリックスターの出現でリーダーの技量が問われる／介入の成功例・失敗例／①介入でシェアリングの流れが変わった例②裏面交流を指摘した例③勇み足の介入――介入の失敗例

3　介入上手なリーダーになるために……150
「母性原理」をベースにした「父性原理」を発揮する技法を駆使する／集団のレディネス状態を判断する力／アイメッセージを出す勇気

第5章　エンカウンターはふれあいだけか
――心の富者を育てるもの

157

1　子どもたち一人一人に何が起こっているか……160
自分の思いがはっきりしてくる／自己肯定感が高まる／やさしくされているという感じになる／充実感を感じる

2　**学級に何が起こっているか……173**
好意の関心が相互に生まれる／みんながうまく組み合わさる／ウイネス──損得勘定のない仲間意識／立ち止まって確かめる／みんなの前での自己表現が楽しくなる

3　**教師自身に何が起こり始めるか……183**
「みんな違ってみんないい」と受容できる／聞く耳をもてるようになる／子どもたちから好かれるようになる／心の富者は時空を超える

第6章　エンカウンターの求める人間像とは
──勇気をもった自由人

193

1　**「自由人」──エンカウンターの求める人間像……194**
ニイルとフロムの教えを具現化したエンカウンター／エンカウンターの構成──目標と方法／権威主義とは／私情の中の毅然さ──あるがままの自分になりきる勇気／Courage to be になるために──模倣・洞察・試行錯誤

2　エンカウンターリーダーの心意気……208

リーダーとファシリテーター／失愛恐怖の克服／親切心（老婆心）をもつ／老婆心の育て方／主義・主張をもつ／ふれあいの体験が教育の核

3　求められるエンカウンター像……220

宗教とエンカウンターの相違①インフォームドコンセントの有無②「永遠不滅の絶対的存在」の有無③戒律の差／教育とカウンセリングの識別／ジェネリックSGEとスペシフィックSGE／教育とカウンセリングの両方になじみをもつ／集団心理療法（治す）とエンカウンター（育てる）／セラピストとエンカウンターリーダー

あとがき……234

第1章

なぜいま エンカウンターか

——カウンセリングを超えるもの

國分久子

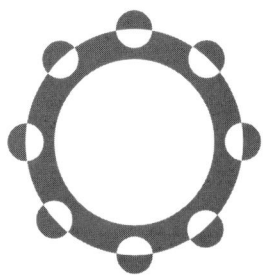

平成十一年の秋、構成的グループエンカウンター（以下エンカウンターという）の講演会が大阪であった。一人の受講生が問うた。「滝充さんがエンカウンターを批判しているがそれについてどう思うか」と。私は答えられなかった。滝さんのピアサポートのことを知らなかったからである。

滝さんに限らずエンカウンターに批判的な人がいる。私の教え子に「エンカウンターを用いたら学級崩壊がさらにひどくなった」と告げた教師もいる。「エンカウンターとマインドコントロールとどこが違うのか」とつぶやく声も聞こえてくる。「ソーシャルスキル訓練のグループもエンカウンターグループか」と聞く学生もいる。

今日のようにエンカウンターが普及してくると、類似のものとの識別をつけておく必要がある。個々の方法には薬と同じで適応症があるし、使用上の留意点があるからである。すなわち他の方法と比較して、エンカウンターにはどういう特長があるのか。これをはっきりさせておく必要がある。滝さんもやがてピアサポートの本質論を書かれると思うが、まず私はエンカウンターの本質論を書いておきたい。やがて次の世代の方々が拙文をたたき台にしてエンカウンターと他の方法との比較検討を続けながら、共存のためのフレイムを開発するとよい。私どもの研究グループでは「育てるカウンセリング」というフレイムで、エンカウンターとその類似の方法を一つに構成したいと思っている。

さて、「エンカウンターとは何か」という本質論を語るのに私は三つのステップを踏もうと思う。まず第一節では、人はエンカウンターの何に魅かれているのか、なぜエンカウンターは受け入れられ求められているかを取り上げ、第二節ではエンカウンターの思想的・理論的背景は何かを自問自答し、最後に第三節でエンカウンターの領域と方法の現状と将来展望についてふれたい。

1 伝統的カウンセリングを超えるものを
――グループアプローチで

エンカウンターの本がよく売れるのはエンカウンターが多くの人の期待に応えるものをもっているからである。多くの人は何をエンカウンターに求めているのか。「伝統的カウンセリングを超えるもの」を求めている。つまり、現代人は伝統的カウンセリングでは太刀打ちできない問題と対面しているからである。すなわち、エンカウンターのような集団を対象とした能動的かつ色彩の強い方法でないと、現代人の問題は解けないことに気づきだしたからである。

たぶん、このことに気づきだした最初の職業集団が教師である。心理療法家集団はグループセラピーには気づいていたが、エンカウンターには気づかなかったと思われる。

では、エンカウンターでないと対応できない現代人の問題とは何か。それについても本節でふれたい。

古典派の限界

伝統的カウンセリングすなわちカウンセリング界の老補は、①精神分析志向のグループ、そして、②ロジャーズの来談者中心療法志向のグループである。前者は長年にわたり、心理学者やソーシャルワーカーなど非医師の分析者を素人扱いにしてきた。それゆえ、精神分析派は医師志向でかつ心理療法志向である。すなわち、病理的パーソナリティを治す理論と方法（神経症治療法）から脱却しにくい状況が続いていた。例外的にホーマー・レインやニイルのように教育集団に精神分析理論を応用した教育家もいたが、精神分析の歴史の中で精神分析を治療室から開放させた非医師はほとんどいなかった。

教育に役立つカウンセリングは、一対一の個室内での受け身的な言語的なやりとりだけの（リップサービスになりがちな）面接ではない。教室や運動場や遠足や家庭訪問で生かされうるカウンセリングでなければならない。すなわち、一対一の受け身的面接だけでなく、グループ対象の能動的なカウンセリングでなければ、現代の子どもたちに応えることはできない。

予防・開発的カウンセリング

精神分析はもともと、金と時間のあるソーシャルクラスでないと受けられない性質のものであった。しかし、いまの時代は違う。保険会社が面接料を支払ってくれるほどに、カウンセリングや心理療法を受けるということが一般化してきた。保険会社は面接回数を制限するので、カウンセラーや心理療法家は限られた回数の中でクライエントの要請に応えるためには、効率的でかつ効果的な方法（efficient & effective）を考えなければばならない。それが簡便法である。

以上の話は、精神分析志向のカウンセリングについてだけではない。ロジャーズの来談者中心療法も同じである。精神分析と来談者中心療法は、理論も技法も哲学も違うが、共通性は一対一の受け身的な面接中心の理論が原型であることである。そのうえ、精神分析理論にもロジャーズ理論にも次の難点がある。

一つは、両者とも人格変容（personality change）が目標である。症状の除去よりも症状を生み出しているパーソナリティの変容に関心がある。パーソナリティの変容のような深いカウンセリングだけが、ほんとうのカウンセリングだと言いたげである。

ところが、人格変容は時間がかかる。いまのような時代には悠長すぎる。それゆえ、なるべくなら人格変容を必要としないようなパーソナリティの形成を図るほうが時間経済的ではないか。これなら医師や心理療法家でなくてもできることである。これが「予防・開発的カウンセリング」である。

予防・開発的カウンセリングの代表例が、サイコエジュケーション、キャリアガイダンス、そしてエンカウンターである。

古典派の限界を補うもの――折衷主義とエンカウンター

精神分析理論とロジャーズ理論のもう一つの共通点はプロフェッショナリズムである。精神分析者あるいはカウンセラーという役割（権利・義務の束）に縛られて、個の自由を失っている行動様式、紋切り型志向をプロフェッショナリズムという。

例えば、精神分析者にクライエントが「先生とお酒を飲みたい」と言っても、分析者は「あなたは私に父を求めている。これが感情転移というものだよ」と解釈はするけれども、「そうね。いずれ一緒に飲みたいですね」とは言わない。もし一緒に飲んだら、「彼は対抗感情転移に振り回されている」と仲間から酷評されるからである。

つまり、役割に縛られて私的な自分を出し得なくなると、情のない面接になる。「先生はおいくつですか」とクライエントが聞いても、来談者中心療法のカウンセラー（ロジェリアン）はけっして素直に「四十二歳です」とは言わない。カウンセラーという役割に縛られて、年齢すら言えない。「私の年齢を知りたいわけですね」と応じるわけである。いわば、いんぎん無礼である。

以上を要約すると、カウンセリングの古典派は「一対一」で「受け身的」「治療志向」で「プロフェッショナリズム志向」であった。これは治療の場では適用できる原理であろうが、教育の場では修正を要する原理である。ただし、ここでフロイドやロジャーズの否定論を述べているのではない。

例えば、教育学専攻の人がだれでもペスタロッチやルソーを通過するように、カウンセリング専攻の人はだれでも精神分析理論と自己理論（来談者中心療法）を通過すべきである。ただし通過すべきではあるが、教師やカウンセラーなどカウンセリングの実践者は、いつまでもそこだけにとどまらないほうがよい。どんな理論も、完全ではないからである。非行でも、学級崩壊でも、赤面恐怖でも、不登校でも、何にでも効く理論はない。それゆえ、それぞれの理論がそれぞれの限界を補足しあう姿勢が必要である。これを「折衷主義」という。

では古典派の限界を補う方法や技法として、折衷主義のほかに何があげられるか。三つある。①簡便法、②グループアプローチ、③自己開示である。この三つを具現しているものとして、エンカウンターが登場した。古典的カウンセリングだけでは解けない問題が現代社会には生じつつある。それに応えようとするのが、エンカウンターである。

現代人の問題——人間関係の希薄化と自己疎外

古典的カウンセリングだけでは解けない問題とは何か。個体間に由来する問題(inter personal)である。古典的カウンセリングが得意な問題は個体内の問題(intra personal)である。幼少期以来の人生体験を引きずって生きている人の苦悩を「個体内」の問題という。「個体間」とは現在のストレスやフラストレーションに由来している問題という意味である。

では現代の「個体間の問題」とは何か。二つある。一つは人間関係の希薄化であり、もう一つは自己疎外である。

現代は人口移動が激しいので、どこのだれであるかをよく知らないもの同士が接触せざるを得なくなった。そこであたらずさわらずの如才ないあいさつで、その場をしのぐようになった。それゆえ、胸襟を開くつきあいがもちにくい。見かけは仲よさそうであるが、慢性の孤立感がつきまとう。心やすらぐ場がないということは、緊張感が続くということである。これが過度になると、メンタルヘルスがすぐれなくなる。

それを防ぐためには、心やすまる場、ふれあいの場を人工的につくってでも、ほっとする体験をしたくなる。その場がエンカウンターである。

ゲームを超えるもの

ではエンカウンターは現代社会のあぶく（一時的休息の場の意）か。そうではない。この一時的な暫定的なグループ体験を通して、ふれあいとは何かがわかってくると、この感覚を教室や職場でも実践できる。それゆえ、エンカウンターは生き方を会得するグループということになる。エンカウンターは治療集団ではなく、教育集団である。

いまの時代は人口移動が激しくなっただけでなく、子どものころから仲間と遊ぶ体験が乏しくなっているので、このような子どもは大人になっても、人づきあいが苦手な人が多い。仲間はほしいけれども、仲間とのつきあい方がわからない。それゆえ、人とのかかわり方を学ぶ教育法として、エンカウンターが注目されるようになった。エンカウンターのエクササイズにはゲーム風のもの（例：ジャンケン列車、いすとりゲーム）が加えられているのは、そういう意味がある。

しかし、エンカウンターでは、「ゲーム」という言葉は使わないで、「エクササイズ」と呼ぶ。それはゲームを超えるものがエンカウンターにはあるからである。

ゲームを超えるものとは何か。自己理解、他者理解、人生理解ということである。つまり、仲間意識が育って、和気あいあいとしているだけにとどまらないということである。前よりも認識の世界が広がり、認識の仕方が変わることをエンカウンターでは期待している。ただ楽しいだけでなく、かつためになるエンカウンターでなければならない。それを言いたいので、エンカウンターではゲームと呼ばず、エクササイズと呼んでいる。

いまの世の中は、ふれあいが乏しくなっているので、自分のホンネを出さずに適当に愛想をふりまいているうちに、ほんとうの自分が何を感じているのか、何をしたいのか、何を考えている人間か、自分でも自分のことがよくわからなくなる。このような状態を「自己疎外」という。

エンカウンターはホンネとホンネの交流（ふれあい）をすることによって、自己疎外からの脱却をねらうものである。つまり、エンカウンターとは自分の原点に戻るのを援助するグループ体験である。さらに、自己発見（自己疎外からの脱却のこと）だけでなく、他者と人生についても認識を深めるグループ教育体験である。

例えば、「自分の人生に影響を与えた人物または出来事を語れ」という四人一組のエクササイズがある。「いままでふざけてばかりいる人間だと思っていた○○君が、こんなにも悲しい人生を背負っていたのか（他者への認知の変容）」、「世の中はたしかによいことづくしではない（人生そのものについての認知の変容）」、そして、「人のこういう話を聞いて、泣ける自分を発見して嬉しかった（自己認知の変容）」というぐあいに、リレーション（相互の自己開示）を介して自己発見あるいは他者理解、人生開眼にいたる。これがエンカウンターの本質の一つである。

感情の変容と新しい行動の体得

エンカウンターの本質の第二は、自他および人生に対する感情の変容である。恨みから感謝へ（例：内観法）、緊張感から開放感へ（例：ネーム・ゲーム、いすとりゲーム）、孤独感から連帯感へ（例：新聞紙の使い方、共同絵画）といったぐあいに仲間とのリレーションを通して感情が変容する。

エンカウンターの本質の第三は、新しい行動（アクション）を身につけることである。嫌なときは嫌と言えるようになったとか、ものおじしなくなったというのがそれである。

こういうわけで、エンカウンターというのはエクササイズを介して、リレーションをつくり、リレーションを介して自己発見、他者発見、人生発見（発見とは認知の修正・拡大の意）を促進する教育的色彩の強い援助方法である。

一対一の面接方式のカウンセリングとは形態も方法も異なるが、エンカウンターの目的はカウンセリングのそれと同じである。すなわち、発達課題を解きつつ人間成長するのを援助するのが目的である。そのために、感情・思考・行動の修正・拡大をエクササイズを介して行うのがエンカウンターである。それゆえ、ピアカウンセリング、ピアサポート、アサーショントレーニング、ソーシャルスキルトレーニングもエンカウンターの応用として位置づけることができる。それは「エクササイズ」と「自己開示」という二つのキーワードが軸になっているからである。

エンカウンターの本質は、エクササイズを介した自己開示、自己開示を介したリレーションづくり、リレーションづくりを介した自・他・人生一般の発見にあるというのが本節のまとめになる。そしてエンカウンターの応用編（例：各種のスキルトレーニング、人権教育、性教育）を含めると、これをサイコエジュケーションという。エンカウンターが基調をなすサイコエジュケーションが日本の教育の活性化に貢献すると思われる。

では、このエンカウンターを支える理論とは何か。「カウンセリング理論」という言葉と実態はあるが、「エンカウンター理論」という言葉と実態はいまのところない。では、エンカウンターを支えるのはリーダーの体験だけか。そうではない。そのことを次節に取り上げたい。

2 構成法に理論はあるか
――カウンセリング諸理論の応用

エンカウンターが普及するにつれて、だれでも使える教育方法であると安易に受け取られ、やがていい加減なエンカウンターが流布される恐れがある。「エンカウンターは百害あって一利なし」と酷評されないともかぎらない。この危惧は、かってのロジャーズ理論の栄枯盛衰ぶりをみての推論である。「受容と共感さえあれば、子どもはよくなる」というワンパターンの指導法に固執したロジェリアンの教師がいた。あるいは教科を教えないで質問にだけ応える「学生中心教授法」を高校時代に受けたという教え子がいた。非現実的な指導法は、子どもたちのひんしゅくを買うだけで終わった。つまり、ロジャーズ理論しか知らないと、それしか頼るものがないので、どうしてもそれにしがみつく。その結果、柔軟性の乏しい紋切型のパターンでしか対応できなくなる。

それと同じように、エクササイズしか知らないと、紋切型のエクササイズを流すだけの心のこもらないエンカウンターになる恐れがある。聴衆が居眠りをしていても、準備した原稿を棒読みする演説と同じである。心のふるえるような躍動と、胸の熱くなるようなふれあいのまったく感じられない、ビジネスライクのエンカウンターになってしまう。一人一人の子どもへのケアが足りないエンカウンターになってしまう。

そこで、エンカウンターのエクササイズのたんなる流し屋にならないためには、エクササイズを支えている原理と理論と思想になじみをもち、状況に応じ、子どもに応じて

（A.Ivey）できる柔軟性を身につけることである。したがって本節では、エンカウンターの原理と、理論と、思想を語ろうと思う。

ベーシックエンカウンターと構成的グループエンカウンター

本書では「エンカウンター」というとき、「構成的グループエンカウンター」をさしているが、周知のように、グループエンカウンターには二型態ある。一つはロジャーズの流れをくむ「ベーシックエンカウンター」であり、もう一つがパールズの流れをくむ「構成的グループエンカウンター」である。前者は「どうぞ、ご自由に」式のフリートーキング風のもの、後者は「いまから、○分間、△△をしてください」式の課題遂行風のもの。

ベーシックエンカウンターと構成的グループエンカウンターには、基本的には共通するものが二つある。それは両者とも思想としては、①実存主義を基調とし、②メンバー相互の自己開示がグループ体験の内容になっているという点である。そして両者の違いは構成的（structured）かどうかにある。そこで、「構成的」とはどういうことか、なぜ構成法なのかを説明したい。

構成的グループエンカウンターの原理は「枠」の設定

「構成的」とは「枠を与える」という意味である。すなわち、枠を与えられたグループの中で、枠を与えられたエクササイズを体験し、与えられた時間とトピックという枠の中で体験をシェアしあうという意味である。

主たる枠が五つある。

1. グループのルール（例：時間厳守、守秘義務、ペンネームの使用）
2. グループサイズ（例：「二人一組で」とか、「四人一組で」とか、「参加者全員で」など）
3. グループの構成員（例：「見知らぬ人同士二人一組になって」とか、「異性一人を含む五人一組をつくって」とか、「自分の気持ちをわかってもらえそうな人を一人選んで」など）
4. 時間制限（例：「一人一分ずつ」とか、「各グループに五分あげますから、その

時間内で他者紹介をして」「これから四〇分時間をとりますから、いま感じていることをシェアリングして」など）

5．エクササイズをする際の条件（例：「無言で〜してください」「仲間はずれを出さないようにしてください」など）

枠を設定する三つの意図

エンカウンターを俗称「高級井戸端会議」というが、「高級」とは「意図的に指定された枠の中で」という意味である。この場合の「意図的」とは何か。三つの意図がある。

意図の一つは、心的外傷を予防することにある。例えば、親しくない者同士が深い自己開示を強いられると、抵抗が生じたり、後で自己嫌悪に陥ったりする。そこで意図的にゲーム風のエクササイズを選ぶ。

意図の第二は、自己表現をしやすくすることである。例えば、親しくない者同士のほうが話しやすいこともある。また、親しいもの同士でないと、やりづらいエクササイズもある。短時間のほうが話しやすい事柄もある（例：「イエス、ノーでなら答えられるが、それ以上はちょっと……」という場合)。こういう事情を考慮して、どういうメンバー同士を何人ずつのグループにして、どういうエクササイズを何分間してもらうのがいちばん自己開示しやすいかを検討する。これは意図的(intentional)である。「出たとこ勝負」ではない。「あるがままに」というわけでもない。「どうぞご自由に、お気に召すままに」という寛大さはあまりない。

それゆえに、「エンカウンターには枠があるので、窮屈で自由がない」と評する人がいる。これに対し、私はこう答えている。「枠のおかげで安心して自己開示できるともいえるのである。枠がないと動きにくい。枠こそ自由な言動の促進剤となっている。例えば、「何でもよいから話してください」と言われると、何を話そうかとテーマを探すだけでも時間がかかってしまい、疲れてしまう。仲間がテーマを決めてしまったのに自分はまだ決められない、あせってやっぱりエンカウンターは嫌いだとなる。そこで、枠を与えるほうが、抵抗も少ないし表現しやすいということである。例えば「自分の好きなシーズンについて一分間話してください」と枠を与えたほうが、ずっと自己開示しやすくなる。

枠を与える意図の第三は、現実原則の体験学習にある。もっと話したいが、人の時間を奪ってはならないという、現実原則に従う体験がナーシシズムを減少させてくれる。例えば、「人生は自分のためだけのものではない」「人生は有限である」「嫌な人間とも人生の一コマを共有せねばならないこともある。でも自分は、それに耐えることはできる」といったぐあいに、枠のおかげで意識性が高まる。枠がないと、(特に子どもの場合)社会性の乏しい、耐性の低い、口達者なだけの人間が育ってしまう。

エンカウンターの理論はカウンセリング理論の応用

さきに述べたように、エンカウンターで枠を与えるのは、それなりの意図があるからである。すなわち、①心的外傷の予防、②自己開示の促進、③現実原則の学習である。

① 心的外傷の予防

では心的外傷とは何か。これはカウンセリング理論を知らないと概念化しにくい。例えば、精神分析理論になじみのある人なら「自分では、どうしてよいかわからないほどの不安を引きずっている状態」、ロジェリアンなら「思い込みの自分(idealized self)

があるがままの自分（actual self）に直面して途方にくれている状態」といった程度には、自分なりの説明がつくだろうと思う。説明がつくから「ではそういう状態にならないためにはどうすればよいか」という処方箋も考えやすくなるのである。

カウンセリング理論へのなじみがなくても、マニュアルどおりにエクササイズは流せるが、状況に応じた柔軟性は出しにくい。そして、マニュアルどおりにしたけれど、エンカウンターはうまくいかなかったということになるのである。

そこで、エンカウンターの実践者はいくつかのカウンセリング理論になじんでおくことを勧めたい。

例えば、精神分析理論になじみのあるリーダーなら、子どもの自我（欲求不満耐性、防衛規制、現実判断能力、柔軟性）の発達状況に応じたエクササイズを選び、発達段階に応じたコメントあるいは介入をするであろう。自己理論になじみのあるリーダーは、人からの指摘で「あるがままの自分」に気づくより、自分で気づくエクササイズを用意するであろう。エンカウンターのリレーションづくりの際、二人一組、四人一組、八人一組と徐々に人数を増やしていくのは、行動療法のシェーピング（段階的な練習）によるものである。カウンセリングプロセスで、浅い人間関係から徐々に深い信頼関係へと（國分のカウンセリングモデルであるコーヒーカップ方式の浅い段階から深い段階へと）導入していくプロセスと同じである。

エンカウンターだけの理論は、いまのところ構成されていない。複数のカウンセリング理論をリーダーが自分の使いやすいように、折衷的に構成または組み立てて活用している段階である。エンカウンターのリーダーがなじんでおいたほうがよいカウンセリング理論として、以下の七つをあげておきたい。

1. ゲシュタルト療法
2. 精神分析理論
3. 自己理論
4. 行動理論
5. 交流分析
6. 論理療法
7. 内観法

② 自己開示の促進

さて、エンカウンターとは枠の中での高級井戸端会議であると言ったが、枠を与える第二の意図は「自己開示の促進」である。では自己開示の促進とは何か。ここで再びカウンセリング理論が登場する。

精神分析理論なら、自己開示とは防衛規制を緩和した場合のカタルシス風の自己開示と、防衛機制まる出しの自己開示、つまり対抗感情転移であると考えるだろう。どちらも自己開示には間違いない。しかも、前者の自己開示を促進するエクササイズを導入部分で用いると、エンカウンターは展開しやすいだろうと推察できる。

自己理論になじみのあるリーダーなら、非審判的・許容的雰囲気が自己一致に近づく条件と考えるので、エンカウンターにそのような雰囲気を短時間のうちにつくるエクササイズを開発したくなる。これまで、われわれのエンカウンターで行った体験では「天国への旅」「別れの花束」「内観法」がこの目的に適したエクササイズのように思える。

③ 現実原則の学習

枠を与える第三の意図、それは「現実原則の学習」である。「個の自由」「主体性の確立」という美名のもとに、子どもを放縦に育てないためには規律（現実原則）の体験が有効である。そこで、エンカウンターでは時間厳守とあいさつのルールを定型化している。すなわち、セッションの導入時に全員が集合しているかどうかの点検を行い、「定刻に参集する」という態度を繰り返し要請している。また、セッションの開始時には全員がもれなく握手しあうリチュアル（儀式、集団に共通の行動様式）を採用している。

さらに全メンバーに役割を分担してもらい、人間関係の保持には、役割遂行が不可欠であるとの現実原則を体験学習してもらう。例えば、食券係、点呼係、鍵係、マイク係、音響係、スナック係、清掃係、保健係など。役割を与えるという発想はカウンセリング理論の中ではゲシュタルト療法やサイコドラマにはあるが、その他の理論にはあまりない。私たちは、組織心理学、役割理論（role theory）、役割療法（role therapy）、環境療法（milieu therapy）に示唆を得て、役割遂行（role performance）をエクササイズの一つとしてエンカウンターに導入し、定着させた。それゆえ、エンカウンターのリーダーをつとめることによって、学級経営、学校経営の要領が上達するのではないかと思われる。

以上、私は、精神分析理論と自己理論の二つしか例として用いなかったが、他の理論もそれぞれ状況に応じて、活用できることを提言したかったのである。それも折衷主義のフレイムで複数の理論を駆使・展開できるのが好ましいとも述べた。ただしこの場合、複数の理論・技法をモザイク風（あれも、これものちぐはぐな対応）に使用することが、リーダーのスキル貧困の釈明に利用される恐れがある。そうならないためには、複数の理論を活用するときのプリンシプル（原理・原則）をもたねばならない。プリンシプルがないと、エクササイズのモザイクに堕してしまう。このプリンシプルもエンカウンターの本質といえる。

このプリンシプルを私はアレン・アイビイのモットーに求めた。アイビイとは折衷主義の代表的なカウンセリング心理学者であり、日本では『マイクロカウンセリング』（川島書店）の著者として知られている。アイビイはカウンセリングの諸理論と諸技法を自由に駆使する原理を次のように提唱した。

which treatment　　どのような対処をするかは

to which individual　　その人がどのような人で

under what conditions　どのような状況にあるかによって決まる

『マイクロカウンセリング』の翻訳者の一人として、アイビイの影響を受けた私はこのアイビイのモットーを、エンカウンターの展開のプリンシプルとして、次のように言いかえている。

which exercise　どのようなエクササイズをするかは
for which purpose　どのような目的で
to which group　どのようなグループで
under what conditions　どのような状況にあるかによって決まる

エンカウンターのリーダーが、グループに柔軟に対応するために必要なことは次の二点である。①カウンセリング諸理論と諸技法を学習しておくこと。②状況を感じ取る感受性と状況を概念化できるアセスメント（判断）能力。これはカウンセリングの場合のプリンシプルでもある。それゆえエンカウンターはカウンセリングの一型態であると解することができる。

ではこのプリンシプルを支える前提条件は何か。「個の自由を意識し、他者を傷つけないかぎり、自由に生きることが人間的」という思想である。

エンカウンターは個の自由を提唱する

エンカウンターは実存主義の流れをくむカウンセリングであるから、小学一年のエンカウンターにも、高校三年のエンカウンターにも、共通した実存主義の思想がある。この思想はエンカウンターにおいては次の主張となっている。

一つには、知的理解よりも、体験的理解を重視していることである。知識体系を順立てて頭に入れても、自・他・人生を知ることはできない。体系的でなくてもよい。偶然であってもよい。断片的であってもよい。要するに体で味わったことが、真にわかったことになるというのである。エンカウンターにはこの考えがあるので、エクササイズ(意図的に体験学習を提供するプログラム)を重視するのである。つまり、理論講義、人生訓話などの座学をあまり歓迎しないのは、これらのインパクトが、体験学習には及ばないという考えがエンカウンターにはあるからである。

体験学習は知的学習よりも状況判断（柔軟性）を必要とする。たとえ話でいえば、水泳練習は風邪気味の子どもにはさせられないが、教室で保健学の講義をするのなら、風邪気味の子どもでも支障はない。エンカウンターはプールでの水泳指導にも似た配慮が必要である。それが「どんなエクササイズをするかは、どんな目的で、どんなグループで、どんな状況にあるか」が重要だということである。

エンカウンターに生きている実存主義の第二は、個々のグループメンバーや、個々のグループの特殊性（ユニークネス）を大事にすることである。「中学生だから……」とか「女性だから……」といった一般化を好まない。むしろ「このグループは……」「このメンバーは……」と具体的な存在を、この人生でいちばん大切なものであると考える。

エンカウンターには定番というものがある。例えば、アイスブレイキング（見知らぬ人への不安をやわらげる）程度のエクササイズなら、これがよいとか、自分の価値観に気づいてもらうには、あれがよいとか。しかし、これとてもいざその場に臨んだときの状況判断で、カットしたほうがよいこともある。メンバーを、用意したエクササイズにのせるのではなく、メンバーにエクササイズを合わせるというユニークネス尊重の思想がエンカウンターにはあるからである。

さて、本節ではエンカウンターの核概念――枠、理論、プリンシプル、思想――を説明した。ではこのエンカウンターは、これからどう発展するのか。エンカウンターの行方を推論したい。

3 エンカウンターで学級が変わるだけか
――学級の壁を超えるもの

『エンカウンターで学級が変わる』(図書文化)のシリーズ全八巻がきっかけになって、エンカウンターの実践者・研究者の全国ネットワークができた。それゆえエンカウンターとは「学級の仲間づくりの方法」というイメージが強くなった。したがって、「エンカウンターは学級王国賛美論か」と懐疑する人もいる。しかし、「学級王国はよくないものである」というのは一般化のしすぎによるイラショナルビリーフである。学級が子どもの準拠集団になれば、子どもの生きる力の源泉になる。すなわち、学級が子どもの所属感の源泉になれば、不登校やいじめも減少する。したがって、エンカウンターが学級王国を支持するのはよくないとはいえない。

ただし、排他的なグループづくりにエンカウンターが加担するようなら、それはよくない。エンカウンターの精神（個と個の関係の中での個の自由、あるいはグループとグループの関係の中でのグループの自由――世界内存在）に反するからである。

学級の仲間づくりの方法としてエンカウンターを活用している人でも、「しかし、学級が崩壊してしまったらエンカウンターは役に立たない」とぼやく。エンカウンターも本が売れているほどにはたいしたものではないと言いたげである。そこには「エンカウンターはあらゆる教育問題の解決に有効であらねばならない」というイラショナルビリーフがある。

エンカウンターは万能薬ではない。限界がある。ただし、いまのところ限界のように思えていても、エンカウンターの内容や方法を工夫すれば、少しずつ適用範囲は広がっていくかもしれない。したがって、エンカウンターはダメである、と断定的に言うのは一般化のしすぎによるイラショナルビリーフである。

「いまのところ○○○については適用しにくいが、だからといって今後永遠に使えないと決まったわけではない」というのがラショナルビリーフであろう。

そこで本節では、エンカウンターは学級を変えるだけではなく、学級の壁を超えた人生の問題にも挑戦しうることを提唱したい。

「学級の壁を超える問題」とは何か。

代表例は人種差別の問題である。ロジャーズはアフリカ系アメリカ人と白人系アメリカ人の混合グループに合宿制エンカウンターを実施したところ、人種差別感が減少したと語っている。同じように、日本の教育現場でも学級を超える問題に、エンカウンターを適用できないかと思ったのである。

そこで、エンカウンターの今後の可能性について探りたい。私のみるところ、エンカウンターが適用される可能性のある問題が四つある。それを展望したい。

学級の外でも有効なエンカウンター

まず、保護者のグループでエンカウンターを行うと親同士が仲よくなる。そうすると

ＰＴＡの役員も無理なく決まるようになるという。また、子ども同士も仲よくなるという副次的効果もある。保護者対象のエンカウンターの実践例はビデオ『構成的グループエンカウンター　第八巻　保護者編』（製作：テレマック、販売：図書文化）の参照を勧めたい。

ところで、最近は学校ぐるみでエンカウンターを実施する傾向が出てきた。上記のビデオ全八巻の作成が可能であったのは、そのような学校が協力してくれたからである。

これらの学校では、全教員がエンカウンターの実施という共通の話題があるので、教師集団のまとまりがよくなり、教師も子どもたちと同じように、生き生きしてくるようである。さらに、全校あげてエンカウンターを実施した高校では、生徒のドロップアウトが激減したという報告もある。あるいは、教育委員会主催の教員研修の導入にエンカウンターを用いたところ、研修参加者の学習意欲が高まったという調査もある。また、文部省学校保健教育課が、全国の養護教諭の研修会を代々木のオリンピック村で開催する際に、エンカウンターをプログラムの一つに加えていた。エンカウンターは健康教育に資するものがあると思われる。

教師をサポートする動き

周知のように、現今の学校教師は、児童生徒とその親の非常識に圧倒され、心身ともに過労の連続である。

例えば、廊下を走っている子どもに教師が、「オイ、待て！ 廊下を走るな」と怒鳴ったところ、保護者から「私の子どもに『オイ、待て！』とはなにごとだ」とすぐ抗議の電話を受けたという話がある。こんなぐあいであるから、教師は萎縮してしまうのも当然である。きちんと指導できない不甲斐なさから自己嫌悪・他者嫌悪に陥ってしまう。こんな例は枚挙にいとまがない。そこで、自信喪失した教師をサポートする会をつくろうではないかという動きが、一九九九年ごろからでてきた。私の知るかぎり、その動きは三つある。

一つは千葉大学助教授の諸富祥彦主宰「悩める教師を支える会」、もう一つは岩手大学助教授の河村茂雄主宰「学級経営を考える会」である。そして第三が國分康孝・國分久子主宰の「教師のサポートグループ」である。

教師のサポートグループ

さて、私たちが企画・スーパーバイザーとして関与している「教師のサポートグループ」について若干説明したいと思う。このプロジェクトは、エンカウンターのシェアリングを一〇〇%転用している。要約すれば、以下のごとくである。

合宿制のエンカウンターのグループサイズは大体四〇人くらいで、そのときは、朝の導入時と夜の解散時に全体シェアリングを定番化している。そこで私たちは「教師のサポートグループ」も四〇人で始めようということになった。合宿制の全体シェアリングを、そのまま「教師のサポートグループ」に導入することにした。また、これを現在私たちの時間のやりくりがつく範囲でということになり、月一回にした。そしてワンセッション二時間と設定されている。出席したメンバーによると、「どんな座学の講義からも得られない大きなインパクトを受けた」と語っている。

インストラクションは、「学校現場での体験で、ここにいる仲間に聞いてほしいこと、あるいは助言がほしいことを語ってください」と定型化している。

さて、シェアリング方式のサポートグループのねらいは何か。次の二つが主たるねらいになる。

1．体験（感情・思考・事実）を語り合うことによって「こんな苦労は自分だけではなかった」ということがわかり、気が楽になる。これは仲間がいるという連帯感（a sense of belongingness）による認知の変容が起こるということである。

2．相互の自己開示を通して、自分の考え方（ビリーフ）を修正できる。

教師のサポートグループはセルフヘルプグループであるから、グループカウンセリングとは異なり、カウンセラーが援助するわけではない。相互に自己開示しあうのが主たる内容になるので、メンバーに多様性（年齢、職務など）があるほうが、多様なフィードバックが受けられる利点がある。

ただし、ときどき一人で時間を独占するメンバーがいるので、だれかが介入しないと、参加者の多くが不満になることがある。「私も話したかった」「私もアドバイスがほしかった」「聞いてほしかった」とセッションがすんでから、苦情を訴えることになる。このような場合、まえもって「これから私たちの使える時間は二時間です。今日どうしても発言したいことを抱えている人は手をあげて」と挙手させておくことである。そうすると、だいたい何人くらいの人が発言したいことを抱えて来ているかがわかるので、発言する人も全体の時間と、自分の発言の時間とのバランスを考えながら発言できることになる。

さて、それでも一人が時間を大幅に独占しているようなときは、だれかが介入したほうがよいということになる。介入するだれかとは、例えば、教育カウンセラーのように「教育とカウンセリングの両方になじみのある」スーパーバイザーが望ましい。

セルフヘルプグループであるから、お互いにドングリの背比べのようなものではあるが、しかし、メンバーの中にグループの進行を促進する介入のできる人が、幾人か参加していると効果が高い。私は教育カウンセラーが、全国でこのような教師のサポートグループを主宰することを期待している。

人権教育とエンカウンター

エンカウンターが学級を超えて、今後展開していくべきだと思われる領域は、人権教育である。個の自由を標榜するエンカウンターは、人間が不当に権利を侵されている事象については黙認するわけにはいかないからである。

身近な例でいえば、セクハラとか、いじめとか、差別とかがそれである。教育レベルでこれを考えるとき、結局、問題は「相手にも私と同じように幸福な人生を歩む権利（自由）がある。それを奪うのは倫理的ではない」というビリーフを、子どもたちに学習させることである。これは、スキル（例：ソーシャルスキルやアサーションスキル）の問題ではなく、思考・感情の問題である。それゆえ、思考・感情の偏向を修正するエクササイズをエンカウンターは提供できることである。その試行を大関健道や塘内正義などが提示している。（大関健道「エンカウンターを核にした人権教育のクロスカリクラム」國分康孝編『育てるカウンセリングが学級を変える』図書文化　一九九八）

エンカウンターの原点は、①リレーション（ふれあい）体験、②自己発見、③他者理解である。これが基本型のエンカウンターである。すなわちジェネリック（generic）エンカウンターである。人権教育はジェネリックエンカウンターの応用としてのサイコエジュケーションといえる。いまのところ、エンカウンターとサイコエジュケーションの関係については模索中である。理論的にはエンカウンターはサイコエジュケーションの下位概念になるべきものであるが、上位概念のサイコエジュケーションの実態がエンカウンターほどには明確にされていない。それゆえ、エンカウンターとサイコエジュケーションは現在のところ並列概念として扱われている。

さて、ジェネリックエンカウンターの応用編としての人権教育は、どういう手順でどういうエクササイズを展開すればよいかが、今後の研究課題になると思われる。人の権利に敬意を払う態度をメンバーが学習するのに、エンカウンターでは次のようなことがなしえると思う。

1. **模倣**――メンバーの権利が侵されている場面を黙認せず、リーダーが介入する。そのためにはリーダーには sense of justice（義憤）が必要である。例えば、自己開示を強要されているメンバーは、黙認を守る権利を侵されているのであるから、リーダーは「メンバーには発言の権利もあるが、沈黙の権利もある」ことを説かねばならない。その態度を見て、メンバーは「人には尊重されるべき権利がある」ことに気づくのである。

2. **気づき**――相手の身になるエクササイズを通して、人はどんな心情で生きているかが体験的に学習できる。ゲシュタルト療法の役割交換法を応用して、仲間をいじめている子どもが、いじめられ役のサイコドラマをするのがその例である。

3. **共有体験**――いわゆる「同じ釜の飯を食う」体験である。グループ単位のエクササイズ（例：一枚の新聞紙の上に六人が立つ）がそれである。相互に同一化するので、相手は自分、自分は相手という心境になる。この同一化が、相手を思いやる心境にするのである。

4. **Q&A**――一対一、または複数対複数で率直にQ&Aを重ね、相互にどういう思いで生きているかを理解しあう。男性と女性、転校生と在校生、教師と児童生徒などが相互に自己開示を迫り合うエクササイズである。

5. **体験談**――小学生のころいじめられたことのある中学生、転校生ゆえに差別されたことのある高校生、一気飲みを強要された大学生などに、当時の苦悩を語ってもらう（自己開示）エクササイズをする。その後、聴衆が小グループに別れてシェアリングをする。

いまの時代は一般的に、超自我の低い子どもが多いと思われるが、人権教育は結局、説教を用いないで、超自我の教育をするということになる。

エンカウンターが普及するにつれ、「これなら昔からしていたことだ。何もあらたまって、いまさらエンカウンターでなくても……」とつぶやく人が出てくるだろう。この場合「昔からしていたこと」が、「ゲーム遊び風のエクササイズ」をさしていることが少なくない。そこで、エンカウンターの今後の理論的課題として、ゲーム（遊び体験）とエンカウンターとの異同を考察しておきたい。

ゲーム（遊び）とエンカウンター（親密さ）

交流分析の各論の「時間の構造化」では、「遊び（pastime）」と「親密さ（intimacy）」を区別している。エンカウンターにこれを転用すると、「ゲーム（遊び）」と「エンカウンター（親密さ）」は、別ものとして扱ったほうがよいということになる。ゲーム（例：いすとりゲーム、ネームゲーム）はエンカウンターのエクササイズと同じように、リレーションづくりの作用をしてくれるので、レクリエーションとエンカウンターとの識別がむずかしいという研究者がいる。しかし、ゲームとエンカウンターのエクササイズは、構成要素に違いがあると思う。両者の相違として、次の点をあげることができる。

1．ゲームは快楽原則志向である。エクササイズには自我志向のもの（例：二者択一のエクササイズや内観法）や超自我志向のもの（例：みじめな体験、屈辱的な体験、自己礼讃の言葉の自己開示）がある。

2．ゲームには苦痛が少ない。エクササイズは、自我や超自我にふれるものがあるので、つらい、言いづらい、恐い、はずかしい、気まずいといった苦しさを乗り越える勇気がいる。ゲームは嫌なときはしないでよいし（現実原則の学習が伴わないし）、好きなときに参加すればよいので、勇気は不用である。

3．ゲームに気づきは不用だが、エクササイズには気づき(awareness)の要素がある。楽しかっただけではエンカウンターのリーダーは満足しない。それゆえ、エクササイズのあとにシェアリングを行う。気づきのなかった人でも人の気づきに触発されて自分も気づくことがある。気づき（意識性）はエンカウンターでは重要な要素である。実存主義は意識性と責任性の豊かな人生を高く評価するからである。

ただし、ゲームをエンカウンターに導入して心理療法的効果をあげようとの試みもあるので、ゲームはエンカウンターではないと拒否しないほうがよい。逆条件づけの快刺激としての意味がゲームにあるからである。

そこで、エンカウンターを拡大解釈すれば、レクリエーションめいた次の諸行事も、エンカウンターのエクササイズとして意味づけることができる。すなわち、修学旅行・遠足・学芸会・誕生会・運動会・合唱コンクール・ひな祭り・盆踊り・初詣などである。エンカウンターを教室の中だけのものとしないで、教室外の日常生活にエンカウンターの可能性があると考えるほうが妥当である。「エスあるところに、エゴあらしめよ」というフロイドの言葉にあやかるとすれば、「行事あるところに、エンカウンターあらしめよ」となる。

結語。エンカウンターは、現代人の共通の問題に応えるべく登場した高級井戸端会議である。この井戸端会議の特長は、「枠の中での自由を体験すれば、その体験が日常生活にも転移できる」ことにある。そして、いまや、日常生活そのものの中に、エンカウンターを生かすべき時代が来つつあるといえる。

第 2 章

エンカウンターのよしあしとは

――決め手はリーダーの自己開示とスキル

岡田　弘

本来、構成的グループエンカウンター（以下エンカウンターという）は、授業で実施しても、学校行事で実施しても、メンバーの中にあたたかな人間関係や自分への気づきや自己肯定感が生まれることをねらいとしている。それは、あたたかな人としてのぬくもりを感じたり、やさしくなれたり、「人間っていいな」と感じたりすることである。

しかし今日、エンカウンターが普及すればするほど、さまざまなスタイルのエンカウンターが展開されている。あるとき、わかちあい（シェアリング）をまったく実施しないで、エクササイズだけを流すエンカウンターに出会ったことがある。これは、エンカウンターではない。わかちあいは、エンカウンターにおいて、はずすことのできない重要な柱の一つである。シェアリングがなくては、自己開示を通しての自己洞察や、他者を通しての気づきが生まれない。自己洞察や気づきの修正・発展もなされない。これでは、エンカウンターの本質からはずれてしまう。

また、授業や総合的な学習の時間や学校行事の中にエンカウンターを取り入れるとき、エンカウンターの基本原理がわかっていないと、本末転倒のエンカウンターが展開されかねない。そこでは、授業や学校行事のねらいが達成されないだけでなく、エンカウンターに参加したくない子どもたちをつくるだけのものになってしまう。

そこで本章では、「エンカウンターのよしあし」を具体的に示し、エンカウンターにおける基本原理について提示する。

まず初めに、「よくないエンカウンター」を具体的に定義し、その実際をみていきたい。すなわち、吉田兼好が『徒然草』の中で述べている将棋の名人になぞらえたい。「こうしたらよくないということから最も遠い手を打つと、おのずからよい手になる」ということである。そこでまず「よくないエンカウンター」の特徴を説明したい。しかる後に「おのずからよい手になる」とはどんなことか、その実際を俯瞰（ふかん）したい。エンカウンターのモデルがクリアーであれば、模倣しやすいし、自己洞察が行われやすい。自己の点検にも役立つ。初めて実施する方にも、道しるべとなるであろう。

よいエンカウンターとは何かを語った後、そのためのエンカウンターの基本原理を提示したい。基本は、なにごとにおいても大切である。基本原理を正しく知ることによって、提唱者である國分康孝・國分久子両教授の志にそったエンカウンターを展開してほしい。

1 よくないエンカウンター

よくないエンカウンターの定義

自己開示ができる雰囲気をつくれないエンカウンターは、よくないエンカウンターである。なぜならば、エンカウンターのねらい達成に必要なのが自己開示だからである。この雰囲気がつくれない理由は何か。それは、リーダーのスキルが貧困か、またはリーダーが自己開示できていないかのどちらかである。

では、リーダーとして身につけたいスキルとは何か。それは次の4つである。

1. 導入（インストラクション）の仕方
2. 課題（エクササイズ）展開の仕方
3. 介入（インターベーション）の仕方
4. わかちあい（シェアリング）の仕方

これらのスキルが貧困なリーダーによるエンカウンターでは、メンバーの間に人間的なあたたかなふれあいが生まれない。他者を通しての自分への気づきが生まれない。集団の中に一人一人の居場所ができない。

次に、リーダーの自己開示がないエンカウンターはどうなるか。それは、血のかよわない、深まりの浅いエンカウンターとなってしまう。いまここに存在する人間同士としてのかかわりの少ない、形だけのエンカウンターとなってしまう。

では、リーダーの自己開示がなぜこれほどに大切なのか。おもな理由が三つある。一つは、リーダーの自己開示が、メンバーの自己開示のモデルとなり、さらにメンバー同士の自己開示を深めるからである。第二に、メンバーはリーダーに親近感をもつからメンバーは安心して自己を開くことができる。第三は、リーダーの自己開示に示唆を得て、メンバーが自分の思考・行動・感情を修正するきっかけになるからである。

これほど大切な自己開示をリーダーができない理由は何か。それは、リーダーの自己受容の低さに起因している。それゆえ、エンカウンターのリーダーは、自分自身をよく知って、自己肯定感を高めておいてほしい。エンカウンターに初めて参加するものにとって、自己肯定感の高いリーダーの「俺について来い」という姿勢は、安心感を与え、課題遂行の動機づけを向上させる。

よくないエンカウンターが行われているときの様子

さて、次に、よくないエンカウンターが展開されたときの具体的な様子をみることにする。

よくないエンカウンターが展開されているとき、具体的にどういう状態になっているかを知っておくことはきわめて重要である。エンカウンターのリーダーは、こうした状態から最も遠いエンカウンターを実施しようと心がければよいからである。

① リーダーの立ち居振る舞いが整いすぎている

リーダーの硬さは、メンバーに伝播する。リーダーの立ち居振る舞いが整いすぎていると、メンバーも硬くなる。リーダーが敬語を使いすぎる（メンバーの文化がなじめないの意）、服装が整いすぎている、無表情、ジェスチャーが乏しいなど。リーダーが硬いと例えば四人組をつくるよう指示しても、メンバーがなかなか動かない状況がでてくる。本来私たちは自己防衛をしている。リーダー自身がこの防衛を緩和しないとメンバー同士の交流が促進されない。初めてエンカウンターを体験するメンバーがいるときは、普段以上に自己防衛をしていると考えるべきである。リーダーが率先して防衛のない自分をメンバーの前に披瀝し、エンカウンターのメンバーのモデルとなってほしい。すなわち、エンカウンターでは、リーダーとメンバーが自己防衛の少ない、ホンネとホンネまる出しの状態をつくりたい。自己を防衛している状況では、メンバー同士のかかわりが表面的になる。表面的なときは、話が雑談に流れる、つまらぬ話題に愛想笑いをするメンバーが増える、情報交換レベルにとどまり、感情交流にいたらない、ステレオタイプの言葉が飛びかう（例：「超コワイ」「超タノシイ」）、傍観者が多い、などがみられる。

② リーダーの説明がくどかったり、抽象的になっている

エンカウンターの導入の段階で、リーダーの説明がくどいとメンバーはなかなかのれなくなる。くどい話にはふつう例が乏しい。例が乏しいから「わかってくれたのかな」というもの足りなさが残る。そこで、これでもかこれでもかとくどくなるのである。エクササイズに入っても、メンバーがすぐ動かないで、考え考え行動したりする。エクササイズ自体に、それなりのリズムがあり、このリズムは崩したくない。にもかかわらず、

くどい説明は、エクササイズのリズムを崩し、メンバーを知的にする。子どもも心が前面に出てこないと、エクササイズにのれないメンバーを増やしてしまう結果となる。

要するに、くどいのは、リーダーの説明が抽象的になっているときである。メンバーの動きがバラバラになってしまう。エクササイズのイメージがつかめないメンバーは、めいめいの勝手な解釈で動き出す。リーダーは、メンバーの立場になって、簡にして要を得た説明をしたい。

③ リーダーの指示があいまいである

リーダーのあいまいな指示は、メンバーを混乱させる。例えば、グループ全体で二分なのか、メンバー一人が二分なのかが伝わっていないと、エクササイズ中に混乱が起き、全体の流れがストップしてしまう。こうなる原因の一つが、リーダーのエクササイズへの理解不足である。リーダーは、実施するエクササイズを事前に教員同士で体験しておくか、エンカウンターのビデオやCD−ROMを見るなどして、十分なシミュレーションをするといい。シミュレーションの様子をビデオに撮ったり録音して、あいまいな部分をチェックしておくのも方法の一つである。あいまいな指示を繰り返すリーダーはメンバーからみると依存の対象とならないから、安心してエンカウンターに参加できなくなる。

④ ねらいがよく伝わっていない

メンバーにわかる具体的な言葉でねらいを伝えていないエンカウンターでは、曖昧模糊とした体験だけで終わってしまう。例えば、ねらいは「自己理解です」と伝えたとする。「自己理解」という言葉は、抽象のレベルが高すぎる。やろうとするエクササイズに合わせて具体的に表現しなければその意味が伝わらない。「がんばってる自分に気づくエクササイズです」とか、「嬉しかったときの自分、つらかったときの自分に気づくエクササイズです」というように具体的に言葉にする。メンバーからすれば、目的地がはっきり見えていない道のりは遠く感じるものである。

ただし、最初から全体のねらいをはっきり伝えないほうがよいエクササイズもある。合意形成をねらいとするエクササイズの中には、最初は自己主張をしっかりしてもらうように指示することがあるからである。

リーダーは、メンバーに与える作業課題ごとに、そのねらいを具体的にわかりやすく、簡潔に表現することが望まれる。同じエクササイズでも目的はさまざまである。この目的を定めるのがリーダーの見識である。例えば「トラストウォーク」でも、「信頼感の体験」「自己概念のきっかけづくり」「他者理解」など、いくつもの目的が立てられる。

⑤ リーダーが自分でしてみせない（デモンストレーションしない）

メンバーにエクササイズのイメージを伝えるためには、メンバーが具体的にどう動いたらよいのかをリーダーがみんなの前でしてみせることである。リーダーがメンバーになりきって、エクササイズをどうこなしたらよいかを具体的に示してみせ、そのときの気づきや感じたことを自己開示する。リーダーがデモンストレーションを通して自己開示をしないと、メンバーは「エンカウンターをさせられている。エクササイズにのせられている」と感じることがある。これでは、エクササイズが深まらない。エンカウンターは、繰り返し実施することが少なくない。学校では、一回だけのエンカウンターは少ない。リーダーとメンバーの信頼関係づくりの意味でも、デモンストレーションは大切である。それゆえリーダーは、自分がデモンストレーションできる程度のエクササイズを用いることである。自分のしたくないエクササイズを子どもにさせるのはいかにも操作的である。「師弟同行」がエンカウンターの精神である。

⑥ エクササイズに時間がかかりすぎる

リーダーはメンバー一人一人を大切にしなければならないが、一方、エクササイズを時間内に終わらなくてはならない。私に苦い経験がある。あるとき、國分先生ご夫妻にエンカウンターを見ていただける機会があった。私は、エンカウンターをうまくやろうとして、時間をかなりオーバーしたエンカウンターを展開したことがあった。國分先生ご夫妻から「構成とは時間やトピックやグループサイズに枠を与えることなのだから、その枠を自らが壊してしまっては、構成法にならないのではないか」とご指摘いただいたことがある。私はこのことを肝に銘じている。構成的グループエンカウンターの構成の枠を守ること、特に時間の枠を守ることは、第一義を守ることである。

⑦ ルールが守られていない

ルールが守られていない（例：非言語エクササイズのときに、コソコソと話すメンバーがいる）エンカウンターは、糸の切れた凧のようで、クルクルから回りして失速する。メンバーが好き勝手な自己主張を始めて、集団としての統一や規範がなくなってしまう。

メンバーからすると何をしたのかわからないエンカウンターになる。

エンカウンターでルールが守られていないときは、二通りの原因が考えられる。一つはリーダーがルールを明確に伝えていないこと、一つはルールを守れないときの介入を行っていないことである。リーダーには、毅然とした態度で集団を引っ張る姿勢が求められるゆえんである。例えば、合宿制の場合。ペンネームを付けずに食堂に来るメンバーがいる。相手が大人でも手加減せず、居室まで取りに戻らせる気迫が必要である。

⑧ リーダーがメンバーの事前の理解を踏まえてアレンジしていない

リーダーがエンカウンターのねらいを達成しようとするとき、エンカウンター実施対象を事前にできるかぎり理解する必要がある。エンカウンターは、一人一人を育てることをねらいとしている。例えば、場面緘黙の人がいるかいないかはエクササイズ実施に影響する。不登校の経験者がいるかいないかによって、エクササイズの内容を変えることも必要になる。肉親を亡くして一年も経っていない人がいるとき、両親を見つめるエクササイズは実施しない。このように、メンバーの事前の調査を行ったうえで、エクササイズをアレンジしないと、予期せぬ事態に遭遇することがある。抽象的にいえば、メンバーの中に、特にこのテーマについてはトレランスの低い者はいないか、と自問自答することである。メンバーからすれば、自分のことを考えてくれていると感じられるリーダーのエクササイズには、安心してのれるものである。例えば、エクササイズ集を見て、そのエクササイズをそのまま実施することもあろうが、実施する対象をよく理解してアレンジすることが大切である。ねらい達成のために、エクササイズのアレンジは必要条件であろう。

⑨ リーダーの力量以上のエクササイズを展開している

リーダーが自分の力量以上のエクササイズを展開していると、対処できない状態に出合うことがある。すべてのエクササイズはメンバーの思考・行動・感情のいずれかにゆさぶりをかける作業である。そして、このゆさぶりをシェアリングで沈静化するプロセスが、エンカウンターのエッセンスである。このゆさぶりの沈静化プロセスにつきあえる能力の限界という意味である。力量以上とは、このゆさぶりの深いエンカウンターを実施するときは、リーダーにカウンセリングの知識が求められるゆえんである。自己の内面に深くかかわっていくエクササイズ（例えば、内観やライフラインのようにゆさぶりの大きな課題）を実施しようとするとき、メンバーが自分で自分の感情に対処しきれない状況になることがある。こうした状況に対応するスキルの乏しいリーダーは、このエクササイズは実施しないほうがよい。メンバーからしてみれば、リーダーの指示どおりに課題をこなしていったが、自分では処理しきれない問題を抱えてしまい、これでは、エンカウンターに参加しなければよかったということになる。いわゆる「心的外傷」を残すエンカウンターになってしまう。

2 よいエンカウンター

よいエンカウンターの定義

自己開示ができる雰囲気がつくられているエンカウンターは、よいエンカウンターである。なぜならば、エンカウンターのねらい達成に必要なのが自己開示だからである。自己開示ができる雰囲気がつくられているエンカウンターは、基本原理を踏まえている。エンカウンターの基本原理とは、次の手順を踏まえていることである。

1. ねらいの明示
2. インストラクション（導入）の実施
3. デモンストレーション（お手本）の実施
4. エクササイズ（課題）の展開
5. 必要時のインターベンション（介入）の実行
6. シェアリング（わかちあい）の実施
7. フィードバック（定着）の実施

この基本を踏まえていれば、あとはリーダーの個性でエンカウンターを実施すればいい。しっとりしたエンカウンターの流し方があってもいいし、陽気なエンカウンターの流し方があってもいい。エンカウンターのリーダーが百人いれば、百通りのエンカウンターの流し方があっていい。

エンカウンターは、教員としての資質があればだれにでもできるものである。新潟市立のT中学校では、生徒会のリーダーが生徒や外国からのお客様にエンカウンターを実施しているという。もちろん教師の指導のもとにである。

このように、エンカウンターのリーダーを志す方は、自分のできる範囲で、自分のできるかぎりのエンカウンターを展開すればいい。むずかしく考える必要はない。エンカウンターを実施しているとメンバーからたくさんのことを学ぶことができる。たくさんの生きる力をもらうことができる。そして、リーダー自身が自己変容を経験するはずである。かけがえのない存在としての自己とメンバー一人一人の生き方、あり方を経験するはずである。

次に、よいエンカウンターが展開されているときの様子を具体的に俯瞰してみたい。

よいエンカウンターが行われているときの様子

よいエンカウンターが行われているときは、集団内での個人と個人のかかわりが活性化して、相互作用が働き、集団が活発に活動し、一人一人の居場所ができてくる。そして、リーダーとメンバーとの間に、相互に依存と尊敬の関係が発生する。このエンカウンターの醍醐味を味わったリーダーは、さらにさまざまなものにエンカウンターを適用させ始める。一般的な基本的なエンカウンター（ふれあいと自己発見）を、個別な特別な用途（例：進路意識、人権意識）にアレンジして使い始めるのである。

よいエンカウンターが行われているときのリーダーの様子

○リーダーの姿勢（自己開示・リーディング・指示）

・**自己開示がなされている**――①導入の自己開示……防衛の緩和された、自分まる出しの導入を行っている。あるいは、自分を語りながら導入を行っている。非言語（視線や体の開き方やしぐさ）でメンバーとコミュニケーションをとろうとしている。②的確な自己開示……エクササイズの内容に合わせて、自己開示を的確に行っている。自己開示がメンバーのモデルになることを意識している。

・**自分のペースで展開している**――メンバーのペースではなく、リーダーのペースでエンカウンターが展開されている。構成法は非構成法ほどメンバー中心に偏向していないという意味である。メンバーからの質問や意見にも余裕をもって答えている。

・**リーディングの使い分けができている**――「俺についてこい」というリーディングと「さあどうぞ、ご自由に」というリーディングを使い分けている。エクササイズの内容やメンバーの親和性、凝集性、集団の成長を踏まえて、リーダー中心とメンバー中心のエクササイズ展開を柔軟に行っている。

・**指示が簡単明瞭であり、要を得ている**——簡にして要を得た指示は、メンバーを安心させる。板書や事前に用意した指示用のプレート等を活用し、明瞭に指示を出している。また、方言や地元の言葉を交えても違和感がない。イントネーションや声の調子をエクササイズに合わせて変えている。

・**指示を途中で変更しない**——エクササイズ中に自分で出した指示を安易に変更しない。メンバーからの質問や指摘には柔軟に対応しつつも、簡単に指示を変えるようなことはしない。

・**立ち位置が一カ所に固定していない**——エクササイズ中にリーダーは、メンバー一人一人を観察し、関係づけをしようとするため、教育巡視を怠らない。また、立ち位置をさまざまに変化させている。

○**メンバーに対する理解・配慮・介入**

・**メンバーの事前の理解ができている**——メンバーの属性をよりよく知っているリーダー

は、配慮の行き届いたエンカウンターが展開できる。

・インフォームドコンセントを行う――エクササイズへの参加・不参加の自由は、メンバーに委ねられている。エクササイズを実施する前にインストラクションをし、デモンストレーションをして、インフォームドコンセントを得てから、エクササイズが展開されるとき、メンバーは安定した取り組みができる。

・メンバー一人一人に配慮している――個々のメンバーに語りかけるように話をし、一人一人と視線を合わせるようにしている。エクササイズ中のメンバー一人一人の非言語を読み取っている。

・メンバーの動きに敏感に反応している――落ち込んでいる人や抵抗を起こしている人、指示以外の行動をとっている人に敏感に反応して、指示や介入をてきぱきとこなしているとき、メンバーはリーダーを超自我対象にしてくれる。リーダーはそのほうが動きやすい。世話人以上の機能が発揮できる。

・介入がおせっかいになっていない――助けがほしいときやグループの活動がうまくいっていないときなどに、的確な介入を行っている。その介入がメンバーにとっておせっかいになっていない。グループの流れを止めていない。

○**ネガティブな反応・抵抗があったとき**

・**機に臨んで変化をためらっていない**――リーダーの予想以上に抵抗があったり、参加したくない人が多く出た場合、思い切ってエクササイズを中止することも必要である。メンバーの動機づけやレディネスが低くては、到底ねらいを達成できないからである。

・**ネガティブな反応を受け入れている**――メンバー全員からリーダーに対してプラスの反応が出るとはかぎらない。リーダーに対してネガティブな反応が出たときほど、それをしっかり受けとめるリーダーの姿勢は、その後のエクササイズに影響する。

○**準備**（**エクササイズ**）

・**アレンジしたエクササイズを実施している**――エクササイズを実施する集団によって、メンバーのレディネスやモチベーションが違う。集団の構成員一人一人の状況も違っている。その集団にあわせてねらいを達成しようとするとき、アレンジが必要となる。集団にフィットするアレンジを行っているリーダーは、挙動も機敏になってくる。

・**代わりのエクササイズを用意している**――集団によっては、エクササイズを実施するときになってから、最初に用意したエクササイズよりも別のもののほうがよいと感じるときがある。このときのために、ねらい達成のために二通りのエクササイズを用意しておくとよい。これを行っているリーダーは、エクササイズの流し方に余裕がある。

○準備（環境など）

・**実施場所の特徴を活用している**――エクササイズを実施するとき、実施場所の環境や雰囲気も活用しようとする。したがって、事前の下見と同時に実施場所の特徴をつかんでおいて、臨機応変に活用している。エンカウンターは、折衷主義の立場をとる。使えるものは何でも使う。

・**用具の点検を怠らない**――エクササイズに必要な用具を準備するだけでなく、できるかぎり変化に対応できるように、用具の事前点検を行っているリーダーは、大胆かつ細心なエンカウンターを展開できる。例えば、音楽でも、心の落ち着く曲、元気の出る曲、体を動かしたくなる曲など、いろいろ準備する。

・**照明や空調に適宜配慮する**――エクササイズによっては、メンバーを活動的にさせたり、落ち着かせたりする必要がある。照明や空調への配慮をしているリーダーにメンバーは、心を開きやすくなる。

・自分の体調に配慮している——エクササイズや環境の準備に加え、リーダーは自分の体調にも配慮する必要がある。自分の体調が悪いと、メンバー一人一人へのケアやエクササイズの展開がスムースにいかないことがある。また、介入が必要なときに、機敏な介入ができなかったりする。リーダーがメンバー全員に対して責任を負う自覚があれば、おのずと自分の体調管理に配慮する。

○エクササイズ終了時

・エクササイズがほぼ時間どおりに終わる——事前の計画どおりにエクササイズが進んでいくと、ほぼ時間どおりにエンカウンターが終了する。リーダーの予定した枠の中でエンカウンターが展開されると、メンバーにとっても、予定を超えるエンカウンターよりも、予定された時間の中で終了するエンカウンターのほうが、安心して参加できる。先が見えない（終わる時間がわからない）のは、不信感のもとである。

・エクササイズ終了後の充実感を感じている——リーダーが、エクササイズ後充実感をもっているときは、メンバーも充実感をもっていることが多い。心地よい疲れを感じるエクササイズの実施は、何ものにもかえがたい充実感がある。

・**次のエクササイズのことが頭に浮かんでいる**――エクササイズ終了とともに、その集団での次のエクササイズの展開を自然に考えているときは、エンカウンターがうまく展開できているときが多い。このとき、メンバーも「次回は何をやるんだろう」と期待をふくらませるようになっている。

よいエンカウンターが行われているときのメンバーの様子

○メンバーのレディネス・意識

・**レディネスがある**――メンバーにエクササイズへの期待があり、自分に何が起こるだろう、何を発見するだろうというワクワクした気持ちがある。

・**意識的に参加している**――ただ漠然とエクササイズに参加しているのではなく、リーダーの指示を踏まえ、ねらいを理解したうえで、意識的に参加している。

・**ルールが守られている**――リーダーの考えている枠の中で、エクササイズ実施上のルールをきちんと守って参加している。さらに、ルールを破ろうとするメンバーを意識しながら参加している。

○**役割に対する意識・行動**

・**役割に徹している**――リーダーが与えた役割（例：音楽係、点呼係、環境整備係など）を忠実にこなし、役割を通して、他のメンバーとの交流も行われている。しかし、役割を忠実にこなせないときでも、自分への気づきが生まれていることがある。

・**役割を自然にこなしている**――役割に徹した動きは、硬さがなく、自然にこなしている。役割に対する抵抗もなく、役割になりきって活動している。

・**役割が細分化してくる**――グループ活動のとき、リーダーが与えた役割のほかに、グループ内に自然発生的にメンバー一人一人の役割が出来上がっている。

○**グループとメンバーの関係**

・**グループがメンバーを支えている**――グループのメンバー同士が、お互いを支え合うようになっている。言葉かけや非言語でのコミュニケーションが促進している。

・**メンバー同士のかかわり発言が増える**――わかちあいのとき、グループ内でのかかわり発言が増える。あるいは、一つのテーマを掘り下げるわかちあいが行われるようになる。単発的な発言ではなく、相互交流的な発言が主となる。

・グループ内に自分の居場所がある――グループが各メンバーにとって居心地がよくなる。別れたくないような気持ちになる。わかちあいのとき、発言のない人が取り残されないような配慮が自然に行われている。

・わかちあいが無駄話になっていない――わかちあいのとき、リーダーの指示とは違う雑談になっていたり、違う話し合いをしていることがなくなる。

・わかちあいでネガティブな発言が出せる――いまこのグループについてのネガティブな発言とか、自己の嫌な部分への発言とか、つらい体験の自己開示がなされるようになると、エンカウンターがかなり深まっていると考えてよい。支えてくれる仲間やリーダーが見いだせなければ、このような発言はなされない。

・のれない自分が出せる――エクササイズにのれない自分を自己開示できる雰囲気ができている。のれない自分を出せるグループの信頼感ができている。

・集団の規範ができている――グループ内の役割交流やメンバー間の感情交流を通して、グループに規範ができてくるとエンカウンターは展開しやすくなる。集団を動かそうとするとき、集団の規範ができているか否かは、エクササイズの展開に影響してくる。

・**同じエクササイズを繰り返しても深まりがある**――同じエクササイズを展開してもマンネリにならず、そのつど深まりのでる集団は、集団が健全に育っている証拠である。集団が健全に育っているとき、その集団に所属する一人一人も育ち始める。エンカウンターは、集団を通して、一人一人を育てることをねらいとしている。

3 エンカウンター上達のツボ

基礎がないところに上達はない。基礎がないところに創造はない。基礎がないところに変化への対応がない――エンカウンター上達のツボは、基本原理の理解と基本行動の体得である。次に述べるエンカウンターの上達のツボをしっかり理解してほしい。

グループを構成する理由

さて、エンカウンターとは、リーダーが用意したプログラム（作業や討議）を介してグループメンバーが互いにエンカウンターしあうことである。「エンカウンターする」とは、ホンネとホンネの交流をすることである。また、構成とは意図的にある行動、あるトピック、あるグループサイズ、あるグループ構成員などの枠を与えるという意味である。エンカウンターでは、枠を与えた集団を対象に枠を与えたプログラムが実施される。エンカウンターが枠を与える理由は、つぎの六点である。

1. グループ内での感情交流をするため
2. グループ内の一人一人に役割を与えるため
3. グループ内でコミュニケーションをとらせるため
4. サブグループをつくり活用するため
5. 集団力学（グループダイナミックス）を使うため
6. 集団の規範（グループノーム）を育成し、活用するため

エンカウンターは、集団学習体験を通して、行動の変容と人間的な自己成長・自己変革をねらいとする。そのため、エンカウンターのエクササイズでは、自己理解・他者理解・自己受容・自己主張・感受性の促進・信頼体験が目的になる。こうした目的をもつ

エクササイズを通して、メンバーはふれあい（相互の自己開示）ながら自己発見をする。このふれあいと自己発見が自己の行動変容のもととなる。

エクササイズの展開（基本原理）

さて、実際のエクササイズの展開では、次の手順を踏むことがエンカウンターの基本原理である。

1．エクササイズのねらいの提示――エクササイズの目的の確認
2．インストラクション（導入）の実施――役割遂行、自己開示の仕方の確認
3．デモンストレーション（お手本）の実施――思考・感情・行動のいずれかの自己開示の仕方のモデリング
4．エクササイズ（課題）の展開――自己開示→ふれあい、自己発見
5．インターベンション（介入）の実行
6．シェアリング（わかちあい）の実施――相互の自己開示→認知の修正・拡大、自己変革
7．フィードバック（定着）の実施――気づき、自己発見、自己変革の確認

さて、手順にそって内容を一つ一つ確認していきたい。

① エクササイズのねらいの提示

実施するエクササイズ名やねらいを板書するか、または事前に用意したプレート等を掲示する。このとき、参加者にわかるように具体的な表現を用いることが大切である。リーダーは自己開示的に参加者と接し、参加者が自己防衛を解除できるように心がける。そのためには、リーダーは、自己を語ることをためらわない。

② インストラクション（導入）の実施

インストラクションでは、エクササイズで行う作業課題や討議に対する参加者の役割を確認する。役割交流の仕方、それにまつわる感情・思考の交流の仕方について、簡にして要を得た説明をする。エクササイズのリズムを壊さないようにする。実施時間やグループサイズを的確に伝え、注意点やルールの確認をした後、質疑の時間をとって、共通理解を徹底する。

③ デモンストレーション（お手本）の実施

リーダーが実際に役割遂行の手本を示すのである。役割を通しての交流の仕方を演じ、役割遂行を通しての感情表出や自己開示の仕方も示す。ホンネの自己開示がしやすいように配慮して、参加者のモデルになるように心がけ、声の質やトーンを変えることも工夫しておく。また自己開示もためらわず、リーダー自身の自己を語るようにする。注意点やルールも再確認しておく。

④ エクササイズ（課題）の展開

エクササイズを実施する段階になったら、まず、始めと終わりの合図を確認しておく。エクササイズ中は、指示どおりのエクササイズが展開されているかどうか、教育巡視をする。一人一人の非言語や言動に気を配りながら、エクササイズが予定どおりに展開されているかどうかを絶えず確認するのである。このとき、必要に応じてメンバーに介入する。

⑤ インターベンション（介入）の実行

メンバーの作業中にリーダーが割り込むことを「介入」という。これを必要に応じて実行しないと、エンカウンターが社交会話の塔になってしまう。指示したとおりにプログラムをこなしていないときは、注意をうながしたり、仲間にきついことを言われて、落ち込んでいるメンバーがいたら、すぐその場で支持的に対応するのが、介入の主たる場面である。

⑥ シェアリング（わかちあい）の実施

シェアリングは、エクササイズごとに実施してもいいし、まとめて実施してもいい。シェアリングの仕方（時間と方法）を確認する。シェアリング中にメンバーが自己を語っているかどうか、感情交流をしているかどうかを教育巡視をしながら確認する。この際、雑談になっているなどしたら、介入する。

⑦ フィードバック（定着）の実施

シェアリングでの気づきや自己発見を発表してもらい、全体の気づきとする。メンバーの自己発見の言葉や感情表出の言葉に着目して、その内容を確認しながら本人と全体へフィードバックする。メンバーの発表の内容が抽象的な言葉で表現されていたら、具体的に表現し直す。事前に振り返り用紙を準備しておき、記入させることで定着を図れるようにする。

基本原理ないところに成長なし

エンカウンターを初めて実施するときは、基本をしっかり踏まえることである。「基本原理のないところ成長なし」を肝に銘じておく。基本原理を踏まえてエンカウンターを実施しているうちに、自分のやりやすい方法を工夫し、自分のカラーを出したエクササイズが展開できるようになる。これがエンカウンターの醍醐味である。より深いエクササイズを展開するとき不安が出てきたら、本書巻末のE－net2000（構成的グループエンカウンター公式ネットワーク）を活用してスーパーバイズしてもらうことである。

第3章

エンカウンターとは エクササイズのことか

——日常に生きるもの

吉田隆江

構成的グループエンカウンター（以下エンカウンターという）の実践者が増えるにつれ、私の中には疑問がわいてきた。「エクササイズ」にこだわりをみせる人が多くなった気がするからである。どういうエクササイズがよいのかと、エクササイズ開発にのみ意欲を示すのだ。もちろん、エクササイズによって触発されるものは異なってくるので、大切であることはいうまでもない。しかし、それだけがエンカウンターの本質ではない。

本章では、エンカウンターとエクササイズの関係、エンカウンターによる変化、日常生活に生きる具体例をあげながら、日常生活に生きるエンカウンターの意味を考える。

1 エクササイズをすればエンカウンターか

エクササイズがないとできない？

エンカウンターのエクササイズ志向に異論を唱えたい私も、夜間大学院に入ったころには、「担任をしていないから、エンカウンターはできない」と考えていた。私の中でのエンカウンターは、「ある一定の時間があって、エクササイズを実施して、子どもたち同士がシェアリングをする」――その流れがなければできないものだと考えていたのである。高校生対象の合宿制エンカウンターグループの実施体験をもっていたので、そのイメージが強かったのである。ゆえに、「ＨＲをもってないので、エンカウンターする時間がないんですよ」などという説明に抵抗はなかったし、むしろ共感していた。

一方で、合宿性の場合は希望してくる子どもたちに限られる。もっと多くの子どもたちに、自分のホンネを語れる体験をしてほしいという気持ちももっていた。子どもたちの多くは自分の言葉で考えを語ることをしなくなったし、語れなくなっているという実感があったからである。国語の教師としても、子どもたちのコミュニケーション能力の低下を肌で感じるものがあり、何か対策をたてなければという気持ちがわいていた。

このような私の問題意識を國分康孝教授に語ったところ、「エンカウンターはエクササイズが問題なのではない。授業の終わりに、今日の授業で気づいたこと、考えたことを語り合うことがエンカウンターなのだ」とアドバイスをいただいた。私はハッとした。同時に目の前が明るくなったような感覚を味わった。「そうだ、私と子どもたち自身が、また子どもたち同士がホンネとホンネで語ろうとする、その姿勢こそがエンカウンターなのだ」と気づいたのである。そこで、私のエンカウンターに対する見方は広がっていった。エクササイズがあるからエンカウンターできるのではなく、エンカウンターしたい気持ちがあるから、エクササイズやシェアリングや教師の自己開示になるのだ。

エクササイズの価値と効果

エクササイズが問題ではないといっても、やはりエンカウンターの特長はエクササイズを効果的に利用するところにある。エクササイズの価値と効果について考えてみたい。

例えば、二者択一のエクササイズ。「山か谷か」「理論か実践か」などといった二語のうち、一方を選択してその理由を述べていくというエクササイズである。五〜六人のグループで語り合っていくのだが、知らず知らずのうちに、自分の考え方や体験を述べている。「私は下るより上に向かって進むほうがいいんです。だから山ですね」「理論が優れていても実際場面に使えないのでは仕方がないから、実践を大切にしたいですね」などと語っている。十五ほどの語群から選択していくと、その中に自分の日常の価値基準が現れてくる。それを通して、「いまの自分」について考えてもらうのである。

インストラクションでは「二つのうち一つを選んで、その理由を言ってください」と指示するだけである。しかし、結果的には自分の価値観を開示することになる。これが、エクササイズが醸し出す効果なのだと思う。つまり、「エクササイズに触発されて自分のことを語りやすくなる」という効果があると考えられる。

ここで強調すべきことは、エクササイズを通して気づいた「いまここでの自分」を語るということである。だからエクササイズが最後まで終わらなかったといって問題にすることはない。終わらなかったことで起こるさまざまな自分の感情や振る舞いが大切なのである。例えば、エクササイズが終わらないとどうしてもスッキリしない自分がいる。それがきっかけで完璧主義の傾向がある自分がいることに気づくのがそれである。

エクササイズを流せばいいのか

「エクササイズを流す」とは、エクササイズをただ成し遂げるだけで終わってしまうことである。エクササイズを最後まで成し遂げることに神経を使っていると、目の前で起こっている人の動きに気づかない。例えば、インストラクションをしているとき、「する」ことだけに心がいっていると、「したくない」と体で示している人の非言語表現に気づかない。抵抗が起きてることに気づかなければ、その抵抗の処理ができない。エンカウンターが普及するにつれて、リーダーといわれる教師が子どもたちに強引にやらせているのではないか、という指摘も受けるであろう。

また、エクササイズの進行中に、予期せぬ出来事が起こることもある。「私の忘れ得ぬ人」というエクササイズ中のこと。あるグループの一人が突然泣き出した。語っているうちに思い出し、感極まったのだ。その先はもう話すことはできない。グループメンバーには、その人を支えようとする動きが生じる。同時にリーダー役の私の介入が必要になってくる。エクササイズを流すことばかりにとらわれていると、こんな場面で、個々のメンバーにかかわることができないだろうと思う。ちなみにこのような場合、そのグループの中で終わる場合もあるが、参加者全体にフィードバックすることもある。

エクササイズをしながら、そこで起こってきた感情を互いに共有しあうことが、エンカウンターしていくということなのだ。もちろん、こういう場合は、予定していた流れは変わることになる。それでいい。リーダーには柔軟に対応できる力が必要なのだから。

変わったとしても、グループメンバーは、その人の気持ちに触発されて、いままでとは違う気持ちを味わったり、違うかかわりが生まれてくる。

さきのAさんは、「自分がいかにその人から助けられていたのかが実感としてわいて泣けてきた」と語った。メンバーの中からは「そういうふうに泣けるあなたがうらやましい」と返ってくる。そこに「いま、ここで感じている」心のふれあいがあるのである。

エクササイズは「触媒」

さきの例からもいえることは、エクササイズは「触媒」だということである。

広辞苑によれば、触媒とは「化学反応に際し、反応物質以外のもので、それ自身は化学変化をうけず、しかも反応速度を速める物質。例えば、常温では化合しない酸素と水素の混合気体も白金黒《はっきんこく》の触媒の存在で激しく化合する」。例で言えば、酸素と水素はそれぞれの子どもたち、ワークショップの参加者たちであり、白金黒が、エクササイズということになる。これを混ぜ合わる人がリーダーなのだ。このリーダーのさじ加減が、エンカウンターの質を表面的なものにしたり、深くしたりするのだ。だからこそリーダーの混ぜ合わせるポイント、「心意気」「術」が重要なのではないか。

ホンネでかかわる——自分とそして子どもたちと

結局エクササイズとはメンバーが「ホンネでかかわる」ための手助け、スムーザー、潤滑油のような働きをしているといえる。

まず、自分が自身の心とホンネで向き合うことを助けてくれる。ホンネで向き合うとは、自分の感情や思考のありさま、行動の仕方などをありのままに見つめていくということだと思っている。多くの場合、日常生活では、日々の流れにのって生活していることが多い。その結果、自分の感情や考えていること、したいこと、大切にしたいこと、よいところ、行動のパターンなどに気づくことは少ない。そうしているうちに、「自分がなんだかわからない」という自己疎外の状態になってしまう。人は語ることによって、自分の姿が見えてくる。私は生徒に「自分っていうのは、人と話しをしながらわかってくるのだよ。過去のいろんなことも語りながら越えていくんだよ」と語ることがある。自分の心にエンカウンターしていくから、自分が見えてくるのである。

エクササイズだけがエンカウンターではないという第二の意味は、教師と子どもがホンネでかかわっていくことである。教師といえども一人の人間だから、一人の人間として子どもにかかわっていくことになる。例えば子どもの問いかけにどうしてもわからないことがあれば、「わからないんだよ」と伝えたり、自分の間違いや失敗に、素直に「ごめんね」と言えることなのだと思う。私自身が素直に「ごめんね」や「ありがとう」を言っていると、子どもからも言われて嬉しいことがある。また、ホンネでかかわるとは子ども自身の感情や思考の様子や行動のパターンを、まずはそのままみていこうとすることでもある。私と違った一人の人間を受容しようという姿勢が最初になければ、エンカウンターする関係は生まれないだろうと思うからである。その関係の中で、気になったり、ときに不快だったり、よかったり嬉しかったりすることを、「アイメッセージ」で伝えていく。もちろん、子どもからも言われることがある。お互いさまである。

日常のかかわりの中で

このようなエンカウンターは、なにもエクササイズをしなければできないものではない。まさしく、日々日常のかかわりの中に生まれてくるものだと思う。そうして、このような教師の姿勢が自然なものとなっているから、学活やＬＨＲの時間や授業の中でエンカウンターを生かした取り組みをしても、子どもに違和感がわかないのではないかと思うのである。そして、このような教師の姿勢が、やがて子ども同士のエンカウンターを育む素地をつくっていくのではないか。大人との間で安心した関係ができれば、仲間との関係に般化できるのではないか。

エンカウンターのリーダーをしてもうまくいかない場合、例えばメンバーがリーダーの指示に従いたくない場合、あるいは従わないと恐いからという場合には、ほんとうのエンカウンターはできない。つまり、教師と子どもたちの関係がよくないところでは、子ども同士のエンカウンターにはつながらないと、強調しておきたいのである。

「俺のいるところがエンカウンターだ」――これは、國分康孝教授の言葉である。この心意気が國分教授の生き方になっていると、私は理解している。教授はいつでもどこでも率直である。歓びは握手を通して伝えてくださり、言葉で伝えてくださる。不愉快なときも、「今日はこんなことがあって、いまちょっと不愉快なんだ」とおっしゃる。

私が加勇田修士と一緒にエンカウンターのワークショップのサブリーダーをつとめたときにも、改善点やよかったところを率直に言ってくださった。「ホットシート」というエクササイズがあるが、それをさりげなくしてくださっている。まさしく、いつでもどこでもエンカウンターしているというわけである。

2 私自身はエンカウンターで何が変わったか

生き方が楽になった

では私自身はエンカウンターで何が変わったのか。

いちばんの変化は、生き方が楽になったということである。二十五歳のころだったと思う。初めてエンカウンターのワークショップに参加し、衝撃を受けた。それは、最初のエクササイズ「ペンネーム」だった。他の人たちは自由にペンネームをつけていくのに、私は「隆」という字をどうしても使いたかった。じっと考えていても浮かんでこない。苦しくなった。リーダーの國分康孝教授に「自分の名前の字を使ってはいけないのですか」と質問した。先生は、即座に私と面接してくださった。話を聞いてくださった先生は「君は家から離れられないのだね」とおっしゃった。このひとことに私はハッとさせられた。「私は長女だからという理由で、家を背負っていかなければならない」と思っていた私自身に気づいた。

このことは、私が私自身と出会うきっかけになった。反抗期の遅かった私は、成人してから親との分離をすべくたたかうことになった。そして自分の生き方を選択できるようになった。そういう私を受け入れてくれた母と亡き父にいまは感謝していることは言うまでもない。おかげで、当時イライラしていた家族への思いが消え、いままで以上に家族を大切にしたいという思いがわいている。

エンカウンターは、自分自身の生き方の幅を広げてくれたと思う。肩の力が抜けて、少しは柔軟になれたということか。

一人でも生きることができる勇気

エンカウンターのワークショップを体験していると、多くの人が親との問題を抱えて生きているのだなと実感できる。私自身も親からの精神的な独立ができたことによって、その関係が自然なものになったといえる。

なぜかというと、「一人でも生きることができる勇気」が生まれたからだと思っている。エンカウンターの哲学では、「人間は他者に迷惑をかけないかぎり、自分のありたいように生きる自由がある」と考えている。これは、わがままに生きるということではない。自分が人生の主人公として、責任をもって生きるということである。人生は選択の連続で、その選択の責任は自分にあるのだ。つまり、自分がしたいと思ったから選んだのだ。だから、もしその結果が満足できないものでも、そのときに起こってくるむなしさやつらさを自分で味わうしかないのだ、と思えるようになったということである。

このような考えになったのは、國分久子教授がおっしゃる「ゲシュタルトの祈り」（次ページ参照）の精神に影響を受けたからである。このことを自覚したとき、とっても人がいとおしくなった。だれかが助けてくれないと泣いてばかりいた私は、泣かなくなった。そのかわり、思わぬ手助けをしてもらったとき、いままでより倍、感謝の気持ちがわくようになった。

ゲシュタルトの祈り（個の強調）

私は私のことをする。
あなたはあなたのことをする。
私はあなたの期待にそうために、この世に生きているのではない。
あなたも私の期待にそうために、この世に生きているのではない。
あなたは、あなた。私は私である。
もし、たまたま私たちが出会うことがあれば、それはすばらしい。
もし、出会うことがなくても、それは、いたしかたないことである。

"Beyond Perls" W. Tubbs
（個人主義志向への批判・世界内存在の強調）

もし、私が私のことをして、
あなたがあなたのことをするだけなら、
お互いの絆も自分自身も失うこと明白である。
私がこの世に存在するのは、あなたの期待にそうためではない。
しかし、私がこの世に存在するのは、
あなたが、かけがえのない存在であることを確認するためである。
そして、私もかけがえのない存在として、
あなたに確認してもらうためである。
お互いにふれあいがあるときのみ、
われわれは完全に自分になれる。
私が、あなたとの絆を失えば、自己喪失も同然である。
私が、あなたとの心がふれあうのは、偶然ではない。
積極的に求めるから、あなたとの心のふれあいが生まれる。
受け身的にことの流れに自分をまかせるからではなく、
意図的に求めるから、心のふれあいができるのである。

自分自身が好きになる

やがてこのような感情体験のできる自分が、いとおしいようにも思えるようになった。

かつての私は、自己概念カードに「私はだらしのない（片づけ下手）人間です」と書いた。思い浮かぶ最初の言葉がそれだった。いまでもその習性は変えられずにいるが、それはそれでかわいがっている自分がいる。「あ〜、なんてだらしがないんだろう」という自分に、自分でやさしさをもっている。こんな気持ちになってから、うまくいかないながらも、自分の中ではいままで以上に気をつけるようになっていると思える。

つまり、エンカウンターを体験することで「自分という存在は世界にたった一人しかいないんだ」「自分だけでも自分の味方になってやろう」と実感できるようになり、自分自身が好きになったというわけである。エンカウンターでめざす「自己受容」の幅が広がったのだ。同時に周りの人を受け入れる「他者受容」の幅も広がったのだろう。

エクササイズだけがエンカウンターではないという第三の意味は、以上のような日常生活での自己分析（自分と向き合うこと）もエンカウンターだということである。

職場の人間関係が柔軟になる

自分とのエンカウンターを通して、職場でも他の先生方が大切に思えるようになった。以前の私は、他者の指導の仕方が気に入らないことが多々あった。相手の身になろうとしていても、そうできない私がいたのだ。

ところが、だんだん「なぜそうするのだろう」と考えられるようになった。私だって、イライラしたり腹が立つことがあるのだ。「同じ人間なのだから、先生方だって同じなんだよね。どうしてそういうことになったのだろう」と、考えてみることができるようになったのである。「一つの方法だけでなく、さまざまな対応があっていいのだ」とも思えるようになった。こう思えるようになって、職場の人間関係のストレスは軽減した。

授業がしやすくなった

エンカウンターでは「いまここでの気持ち」を語ることが要求される。「アイメッセージ」である。このことが身についてきたので、授業中も楽になった。

例えば、静かにならないとき、以前なら、「うるさいなあ、静かにしてください」と大声を張り上げた。いまは、「私、いま不愉快なんだ」と言える。自分の感じたことを伝えるわけだから、生徒を責めているわけではない。あるいは「君たちにもいろいろ事情はあるだろうけど、授業は私の仕事だから、進めたいんだけど」と、毅然とした態度で言えるようになってきた。

授業も生徒と会話が楽しめるようになった。エンカウンターのワークショップに出ると、全体シェアリングという時間がある。この時間を体験すると、全体のムードがつかめるようになる。肌で感じるようになるのだ。これが、教室全体に漂うムードを感じやすくさせる。例えば、落ち着きがない、沈滞しているなど。それがわかれば「落ち着きがないみたいだけど、何か気になることでもあるの？」こんな問いかけをすることができる。生徒の「いまここでの状態」を理解しようとすることになるので、生徒の心がこちらに向いてくる。

また、クラス全体でなくても、ある生徒にやる気がみえなかったり、授業に入れない状態のときもある。当然「いま、ここでの生徒」にかかわっていくことになる。

「君のこと、気になるんだけど……」

「さっきちょっと嫌なことがあって」

「そう、その嫌な思いのままじゃ授業を受ける気にならないね」

「ウーン、そんなことないよ、大丈夫ですよ」

ときには生徒から「授業がつまらない」と言われたり「わからない」と言われることもある。これも、以前だったら、自分が落ち込んで、やがて相手に腹を立てていた。しかし、いまは、「私だって、つまらないと思ったり、批判したい気持ちが起こるのだから、生徒にも感じる自由があるのだ」と思える。だから「つまらないと言うけど、どんなところがつまらないの?」と聞けるようになった。これは、エンカウンターでいう「介入」なのだ。子どもたちの抵抗をいかに取り除いて進めていくか。それには、その子どもたち自身に、教師自身がエンカウンターしていかなければならないのだと思う。

また、自己開示をすることもある。「この教材、私も面白くなかったなあーって思うよ」などというのだ。選んでみたがいまひとつ面白くないということもあるのだから、そんな私自身の気持ちを語れば生徒が納得してくれるのである。

人生では、面白くないことでも、やらねばならないことだってあるのだ。つまらないなかにも学ぶ意味があることを伝えればいいのだ。自分の感情体験とともに。こんなアイメッセージが上手にできるようになったということか。生徒と話すのは楽しい。

関係が早くつくれ、話が深くなった

カウンセリングを勉強しはじめたころは、自分の考えや感じたことを言ってはならないと思っていたふしがある。しかし、エンカウンターを体験するようになってから、自分の考えを出すことにためらいがなくなったのである。自己開示をためらわなくなったということである。その結果、生徒や保護者との関係が早くつくれるようになったのではないかと感じている。

例えば、生徒たちに自分の学生時代の失敗談を話したり、悩んだことなどを話す。するとその話に触発されて、「先生ならわかってくれるかと思って……」と、話にくる生徒がいる。この相手は、黙っていれば見逃してしまいそうな生徒だったりするのだ。

反対に、異論反論を唱えてくる生徒も当然いるが、ここはチャンスだと思うのである。

その生徒の考え方や感じ方を理解することができるからである。こちらのほうも、思いもよらぬ考えをもつ生徒だったりするのが面白い。私自身が見逃していることがあると、得したような気分になる。「個別のシェアリング効果だな」と思ったりするのである。

保護者に対しても同様である。ときには子どもに対する私の見方などを語ることもある。それが、安心感を与えたり、モデルになったりする。私自身の不安や心配を語ることによって、保護者の思いが語りやすくなるということがある。「胸襟を開く」関係が、問題の早期解決の手がかりを与えてくれるように思う。もちろん「〜と私は思っているのですが、いかがですか」と聞くことは忘れない。

3 日常生活に生きる具体例

エンカウンターの精神で生きるとは

エンカウンターのリーダーをするときだけエンカウンターする、というのでは本物ではないと言いたい。エンカウンターは「文化的な孤島」の中だけでできるというのではなくて、日常生活の中に生かせるようになるといい。すると、リーダーも、自然体でできるようになるのではないか。

エンカウンターの精神で生きるとは、自己開示的な生き方、他者の選択の自由を認められるような生き方、心の自由を自分で守れるような生き方、互いの考え方をシェアリングできるような生き方、自分や他者のよいところをみられるような生き方、必要があれば自己主張できるような生き方、自分の人生の選択に責任をもてる生き方、自分がいまここで感じている気持ちを素直に受け入れられる生き方、人生の限界を意識した生き方、これらの生き方が自分のものになっていくことが、エクササイズだけがエンカウンターではないという主張の一つである。

私自身がすべてできているわけではないが、日々求めていくことでできるようになるものと思っている。

エンカウンターの技法を生かす

エクササイズだけがエンカウンターではないという第四の意味は、エンカウンターの技法を教育指導の中で活用するということである。まずエンカウンターの技法は、授業の中にとても役に立っている。

① インストラクション

エンカウンターでは、何をするか、目的は何か、留意点は何かなど、簡潔に述べることが要求される。

これは、授業の導入のやり方だ。エンカウンターに抵抗がなかったのも、日常の授業のやり方に似ている点が多々あったからではあったが、エンカウンターを体験し、リーダーをするようになってからのほうが、よりよくなったと思うのである。コンパクトに伝えられるようになったと思うし、わかりやすい言葉で伝えられるようになったのではないかと思っている。

子どもたちのフィードバックに「先生の話はわかりやすい」「何を言いたいのかわかるからよい」などと書かれるようになったのも、エンカウンターが生きているのだと思う。特に、授業の意味づけ、何のためにする必要があるのかを語れるようになってきたことが、大きな効果ではないかと思う。導入がうまくなったといえばよいのであろうか。

子どもたちの気持ちをつかみながらのせられるようになるに越したことはない。

② 自己開示

さきにも述べたように、自己開示が子どもたちとのふれあいを促進するのである。教師自身が感じたことや思ったこと、気づいたこと、したいと思っていること、失敗したことや、楽しかったこと、寂しかったことなど、さまざまな心の動きや、行動の仕方でうまくいったことや失敗したこと、いままでの人生で感じてきたことなど、これらを少しずつ語ることが、学級や授業の雰囲気に柔らかさを醸し出すのではないだろうか。「一人の人間としての教師」を感じ取った子どもは、自分もまた一人の人間として、教師という一人の人間に、近づきたい気持ちになる。

エンカウンターではデモンストレーションを通して教師が自己開示していく。その意味は、エクササイズの行い方と自己開示の度合いのモデルになることだけではない。子どもたちによる「教師理解」のチャンスとしての意味が大きい。

③ 介　入

すでに述べたことではあるが、エンカウンターではエクササイズの最中にできなくなる人もいるし、初めからやりたくないという人もいる。リーダーはその人の抵抗のハードルを判断しながら、抵抗を取り除いていかなければならないのである。「やってみようか、やめようか」という葛藤に、リーダーは決着をつけられるような言葉かけをしてあげなければならない。途中で混乱している人の気持ちを鎮めるような働きかけをしなければならないのである。これらのことは、授業中にも起こってくることである。「いま目の前で起こっている子どものこと」に気がついてそこにかかわっていく要領は、エンカウンターの介入の仕方から学ぶところ大である。

以上述べてきたように、エンカウンターの主要な技法は、授業のスキルに力を貸してくれるのである。

集団の中の個がみえる

先日、ある研修会に参加した際に、こんな話を聞かせてくださった方がいた。

「エンカウンターが普及したのはいいのですが、集団を扱うことが教育相談だと思ってしまう人がいるんですよ。個人の相談に目が向かなくなった人が出てきたんです。リーダーとしても、生徒を自分の思いどおりに動かそうとする人もいるんです。エンカウンターの意味を取り違えているんですよね。弊害が出てるんじゃないですかねえ」。

私はこの話をお聞きして心が痛んだ。無理もないような気がしたからである。『エンカウンターで学級が変わる』(図書文化)が出版されて、エンカウンターが学校に普及しだしたのは事実だし、嬉しいことである。しかし、まだ促成栽培の気があって、自分で体験していない先生方が、数多く実施しているというのも事実なのである。本質を伝えて実感してもらうことは、なかなかむずかしいことなのである。

しかし、エンカウンターのリーダーは、「全体の中の個がみえる」ようにならなければならない。なぜなら、エンカウンターの目的とするところは、集団の中で個を育てることにあるからである。エンカウンターが画一主義、強制学習にならないためには、教師がカウンセリング学習を通過しておくとよい。

教師の仕事も、学級集団の中にあって一人一人の発達援助を促すのである。私は、エンカウンターを体験してからのほうが、カウンセリング理論とカウンセリングスキルが身についたように思う。すなわち、教室内にいる一人一人の子どもたちの様子に目が向くようになった。そして、その一人一人が集まってできた集団が生み出す雰囲気というものも読み取れるようになってきたのである。それがわかるから、それに応じた対処をすればいいということになる。それに気づかず、教師の勝手な思い込みで引っ張っていこうとすると、子どもたちの心と離れることになり、嫌な思いのするエンカウンターとなってしまう。子どもの心を傷つけることになるかもしれないのである。

自分を伝える授業

エクササイズだけがエンカウンターではない六番目の意味は、エンカウンターの心構えが授業の姿勢に生かされるということである。何度か述べた自己開示の精神である。國分教授はよく「教材を語るのではなく、教材を通して自己を語るのだ」とおっしゃる。エンカウンターのインストラクションも、ただやり方の説明だけではメンバーの心に響かない。そこにリーダーの思いが重なる必要がある。つまり、そのリーダー自身がなぜこのエクササイズをしたいのかを語ることによって、メンバーの心に訴えかけるものが出てくるのである。そこで「やってみよう」という気持ちがわいてくるのだと思う。

授業も同じである。ただ教材の内容を伝えるだけでは、無味乾燥な授業になるだろう。教材を通して、教師自身が感じている思い入れ、感じていることや考えていることを伝えていくことによって、生き生きした授業になってくるのではないだろうか。

自分を伝えることは、子どもたちにとっては「教師理解」につながることだから重要だと思うのである。人間関係はお互いさまである。教師がどんな人間なのかが伝わることで、子どもたちは近寄りやすくなる。そこにふれあいが生まれるのである。

シェアリングのある授業

最近授業にエンカウンターを生かしたいという人が増えている。私自身が平成七年に取り組んだときは、まだ新鮮だった。それだけ、広がりが生まれたということだ。

なぜ、授業なのか。前述したように、合宿制では希望者だけのグループである。より多くの子どもたちに体験させるなら、学校の活動に取り入れるのがもっともよい。同時に、エンカウンターの六つの目的（自己理解・他者理解・自己受容・自己主張・感受性の促進・信頼体験）は、学校教育の目的と重なることがあるからである。

例えば、私は国語の教師であるから、国語を例にとって考えたい。子どものコミュニケーション能力の低下は、国語教育の立場からみても深刻な問題である。コミュニケーション能力が低いと満足な社会生活が営めないではないか。昨今問題となっている青少年の問題も、他者とのかかわりに異常さをみせている。そこで、国語ではコミュニケーション能力を高めるべく、新指導要領が改訂されているのである。

ところが、子どもたちが自分の言葉で語れるようになるためには、適度な自尊心がなければならないのである。語れるという裏側には、それなりの語れるものと自信がないと、不安で語れない。あるいは、その不安を包み込むような、あたたかい集団の雰囲気がなければ語れない。この部分が、国語教育の視点に欠けていたところだと思うのである。そこに、エンカウンターが生きてくる。自己理解が進み、自己受容できてくれば、その人なりの自信がでてくる。自尊感情が高まるわけである。同時に他者理解も進むので、友達の考えも聞きやすくなる。そのような段階になったとき、語り合いができるようになるのではないだろうか。

授業の中にエンカウンターを生かすということは、「教材をエクササイズ風に用いる」

という考え方である。「教材を通して、気づいたこと、感じたこと」を語る、シェアリングのある授業を積み重ねていけば、子どもたち同士が互いの考え方や感じ方を共有する時間が増える。友達同士のふれあいがあるから、学校に来る意味も出てくるし、意欲も増すのである。

自由な面接ができる

エクササイズだけがエンカウンターではない第七の意味とは、気の張らない面接ができるようになるということである。それは場所や時間や教師の中立性にこだわらなくなるという意味である。

以前は「面接は、面接室の中で」と考えていた。しかし、エンカウンターの合宿では、ワインカウンセリング（つまり宴会）のときまで、エンカウンターしているのである。この体験を通して、「エンカウンターは、いつでもどこでもできる」という発想になれたのである。そこで私は、短い時間を使っても面接しようと思えるようになって、ここでもエンカウンターを生かしている。

ポイントは、「いまここで、生徒はどんなことを感じているのか」に焦点を当てていけばいいということである。だから、休み時間を使って、教科担当のクラスの生徒と一人ずつ話すことも可能になった。生徒が学校生活をいま楽しいと感じているのか、不満があるのか、そういったことがわかるだけでも意味がある。そんななかから、「先生、話を聴いてほしいんですけど……」と言ってくる生徒も出てくる。

また、自分の考えを語ることもためらわなくなった。

ただし、「いまここで語る意味があるか否か」の現実的検討はする。エンカウンターで自己を語るときに、なんでもかんでも語っているわけではない。それと同じ原理である。語る意味があるから語っているのである。それが日常の面接の中に生かせるようになると、面接も促進されるようになると思う。

保護者の対応がうまくなる

保護者との対応にエンカウンターの精神と技法が特に生きるのは、苦情処理などである。相手の言い分を聞きながらも、適度な自己主張が必要なのである。以前の私は、自己主張ができなかったから、言われるとシュンとなって落ち込んでいたように思う。ドキドキしてしまっていたようにも思う。エンカウンターのワークショップでは「自己主張訓練」も入っている。「私のお願い聞いて」や「紙つぶて」である。このようなエクササイズを体験しながら、私は「できなくはない自分」を発見してきた。言えない自分が言えないのではなく、必要があれば言えるが、いまは言わないだけだ、と思うことができるようになって自信がついた。

例えば、ある担任の対応がよくないと訴えてきた保護者の方がいた。以前なら自分が責められているような気になったが、落ち着いて話を聞くことができた。不満の内容を明らかにしながらも、学校側の姿勢を伝えることができた。すると、その方は、反対に「よろしくお願いします」と言って、お帰りになったのである。

日常の中で自分を見つめ直す

最後に、エンカウンターを日常の中に生かす方法として、「自分自身との対話」をあげたい。

私はふとした時間ができたとき、行き詰まったとき、悲しくて仕方がないときなど、自分の気持ちに目をむけるようにしている。「あなたはどうしたいの、どうなりたいの」と自分自身に問いかけるのである。一人でエンカウンターするのである。もちろん、友人に聞いてもらって助けてもらうこともあるが、必ずしも他者は私の思う時間に手があいているわけではない。自分の問題を自分で解決できるに越したことはない。人生の主人公は自分なのだから。自分の人生に責任をもちたいと思うから。そう思えるようになったのである。

以上私の言いたかったことを要約するとこうなる。「エクササイズだけがエンカウンターではない。自己開示あるところがエンカウンターである」と。自己開示の機会は教師の場合はどういうときにあるか、全部で八〜九ほどを例示した。そのほかは次のページより後に仲間から得た示唆をまとめ、了承を得てその名を記させていただいた。感謝したい。

4 エンカウンター実践者の声

第2・3節で「エンカウンターで変わったこと、日常生活に生かす方法」を述べてきた。ほかにも方法はないだろうかと思い、エンカウンターを実践している方々に次の質問をしてみた。

さまざまな視点から回答していただき、広がりができた。こんな仲間が全国にいることに感謝の思いでいっぱいである。

【質問内容】
①あなたはエンカウンターに出会って、何か変わりましたか。エンカウンターの体験・実践を通して変わった自分のことを教えてください。
②あなたは、エンカウンターを日常生活にどのように生かしていますか? 日常生活に生きる具体例を教えてください。

山形県上山市立本庄小学校　佐藤　節子

①人と短時間で親しくなれるようになった。エンカウンターの体験を通して、人への信頼感が増したこと、自分の感情に気づき、感情を表現することに抵抗がなくなってきたからだと考える。次に、自己理解が進んだことがあげられる。エンカウンターは、自分の感情・思考・行動を立ち止まって考える体験だった。最初は「何を感じたらいいの?」とあせったが、回数を重ねるうちに、自分の考え方、感じ方、行動を受け入れ、向き合うことができるようになった。

②エンカウンターは集団を対象にしていることで、学校現場で生かしているものが多くある。リーダーの表情、話し方、介入の仕方、自己開示等々……。子どもたち、先生方、保護者を集団としてどのように育てていくかの視点をエンカウンターに学び、日々実践している。

千葉県流山市立西深井小学校　高橋　伸二

①いままでは相手の反応を意識するあまり、表面上のつきあい方しかできなかった。自己開示ができるようになってから、無理なく自己理解・他者受容・他者理解・自己主張ができるようになった。子どもとのかかわりの中でも感情交流ができるようになってきた。エクササイズのなかで、子ども相互、教師と子ども間でワンネス・ウイネスを体験することの喜びを感じ合える。ネットワークも広がり、学校という小さな社会から一歩出て、自分自身にとって大きな意味があることを感じる。

②学校生活の場においても、授業にエンカウンターを取り入れるなど工夫し、安心感や親密感・信頼感のある授業を工夫している。「生きる力の基礎・基本」は「人間関係づくり」ととらえ、総合的な学習の時間にもエンカウンターを取り入れたものを開発している。

埼玉県所沢市立北小学校　原田友毛子

①「私はそう思いません」「私はこんなふうに感じています」と素直に相手に伝えている。相手に敵意は感じていない。こだわってよくよするクセが薄らぎ、正々堂々と言う姿勢を意識している。自分を好きであるととらえられるようになった。ひとことで言うと、エンカウンターは私に勇気を与えてくれたのだと思う。

②体調が不良でも、気分まで不良にならないようなとらえ方をいつの間にかしている。人との会話で相手にどうしても伝えたい意向があるときは、結論から言うようにしている。なおかつ短く。

埼玉県大宮市立桜木中学校　橋本　登

①同じエクササイズを体験しても、参加者によってさまざまな体験があり、考え方があることが実感できた。そこから、想像外の思考や行動に出会っても「まさか……」が減り、許容の幅が広がった。生徒指導でも、いままで生徒の理解しえなかった言動をとりあえずは受容して、まずはワンネスの世界をつくろうとしている自分に気づくようになった。また、グループを扱う際の不安や恐怖が減り、

グループの力を信じて任せられるようになった。教師として学習指導や生徒指導で、集団を動かす際のリーダーシップのとり方も向上した。

②問題の場面や怒りを伴う場面（現象）では、情動に流されずにエンカウンターするようになり、「いまここで」の体験を味わうようになった。エンカウンター場面での自己理解や他者理解を日常で感得し、自己発見・自己洞察に役立てている。また、エンカウンターで知りえた、他の思考・感情・行動の多用な反応をリフレーミングやビリーフチェンジに生かしている。教科や道徳・特別活動などの集団による体験的な学習（共同作業・話し合い活動）にも、エンカウンターの手法を導入し、成果を上げている。

東京都渋谷区立広尾中学校　石黒　康夫

①過去に生徒指導では予防的な手段があまりなく無力感を感じていたが、エンカウンターに出会ってから「何かが起こる前にできること」があるという力強さと、生徒に身につけてもらいたい力をいままで以上に意識して教育活動ができるようになった。また、エンカウンターを通して知り合った仲間に、つねに支えられ、支え合っているという安心感・安定感が生まれた。

②日常生活に生かしているかどうか、意識したことがなかったのでよくわからないというのが正直なところである。積極的な自己開示・共感的な他者理解をやっていると思うが、性分ということもあると思う。職場の研修テーマとしてエンカウンターを行うことによって、仲間たちがエンカウンターの精神を理解し、互いに助け合い認め合うような職場になっていると感じる。

東京都足立区立蒲原中学校　鹿嶋　真弓

①あたたかいものに包まれている感覚を、いつも感じている。ありのままの自分を好きになれた。もちろんありのままのあなた（周囲の人）も自分の中でOKになった。ものの見方や考え方が、いままで以上に多面的になった。自分のイラショナルビリーフ（論理性に乏しいか、事実に基づかない

受け取り方）に気づき、修正することができた。

②正直に言って、「日常生活に生かそう」とあまり意識していなかった自分に、いま気づいた。自然に「生かせていた」と思うのは、自分だけではどうしようもなくなったとき、信頼関係が築けていたことで、周囲の人に抵抗なく相談でき、解決策を練ることができたことによる。

神奈川県川崎市立長尾小学校　渡辺　寿枝

①最も変わった点は、自分自身を肯定的に受けとめられるようになったことである。以前は「教師はかくあるべきだ」「母はこうあるべきだ」など、たくさんのイラショナルビリーフに縛られていた。理想と現実の狭間で、自信喪失、自己否定感に浸ることもしばしばだった。エンカウンターの体験を何回か重ねるうちに、イラショナルビリーフに縛られていることに気づいた。日常生活の中で目の前の仕事を片づけることに追われ、自分自身のホンネと出会う機会がとても少なかったように思う。特に、宿泊のエンカウンターは、保障された時間と空間の中で、しかも一人一人の存在が尊重される支持的な雰囲気の中で、自分や他人のホンネと出会うことができた。ホンネの自分を受けとめてもらえるエンカウンターの体験で「I am OK」と言える自分に変わってきたのだと思う。また、そのことで人間関係が楽になった。

②エンカウンターのエクササイズやシェアリングの体験を重ねるとスキルトレーニングの効果もある。ホンネとホンネのコミュニケーションが、自分にとっても相手にとっても心地よい体験を重ねることで、気持ちを素直に表現できるようになる。その時、その時の気持ちを素直に「アイメッセージ」で表現することを心がけている。そして、「あなたは……？」と相手の気持ちを聴くことを大事にしている。エンカウンターの目的・ねらいとしているものは、私の日常の人間関係を豊かに楽しくするための多くのヒントを与えてくれている。

三重県四日市市立山手中学校　伴野　直美

①人に甘えることができるようになった。それまで

は、助けてもらっていることに気がつかないか、気づいているときは、人に迷惑をかけて申し訳ないと感じ「すみません」という言葉を使っていた。どこかで卑屈になっていたり、ときとしてはできない自分を情けなく感じていた。しかし、エンカウンター中、グループメンバーに受けとめてもらうことを経験するなかで「すみません」が「ありがとう」に変わっていった。人が自分に何かをしてくださることを、大切にしてくださることと感じ「何と嬉しいこと！」と喜び、自分でも自分を大切に感じることができた。こうなると、人にしてもらったことに素直に感謝することとなり、次にお返しができることがあれば返そうとする。すると、しぶしぶみていた周囲のことも、積極的に、前向きにみようとする姿勢が生まれるという良循環を手にすることができた。これはエンカウンターのみならずカウンセリングを学習するなかで得たものと感じるが、一人の人に集中して甘えるとなると気が引ける。その点、エンカウンターはグループ体験であり、複数の人に甘えることで、たくさん甘えることができ、大切にされている自分を実感できた。

②日常生活の中での不必要な緊張を減らすことができた。また、遠慮がちであった周囲の人との人間関係を深いものにできることが多くなった。加えて、ホンネで言えばわかってもらえるという相手（人間）に対する信頼も高めることができたのか、「対立は（自分が我慢して）回避するべきもの」という枠組みが私の中から消えつつある。たしかに勇気がいることではあるが、「言えないのではなく、言わない」あるいは「ここでは言おう」と、周囲に対しても自分自身にも責任をもてる選択ができるようになってきたと感じている。

京都府立東稜高等学校　西村　宣幸

①授業やHRで活用しているが、生徒同士が交流しているなかで、人間関係や感情のやりとりが少しみえるようになった。

②エンカウンターとは構成的、非構成的を問わず、感情やホンネの交流をさす。小人数の会議などで、

話の行き違いでもめたときに、感情のもつれをほぐすために、互いの言い分をもう一度正確に聞き直している。

福井県教育研究所教育相談課　佐飛　克彦

①行動・思考・感情における、私の「育てられている」感じについて述べる。まずは行動。各種の研修会に積極的に参加するようになった。行動範囲および対人交流の広がりである。継続的な学習への意欲も高まり、カウンセリング学会主催研修会等への参加、教育カウンセラー協会認定カウンセラーの資格を取得した。ゆるやかではあるが学習を続けている。

次に、思考。まず、自己理解であり教育分析である。特に、自分自身の見方・考え方の点検および自分にとってのカウンセリングの探求を目的としてエンカウンターに参加するようになった。第二に、カウンセリング研修講座や適応指導教室等の企画・運営において、リレーションづくりおよびシェアリングを導入していることである。それは、エンカウンターによって、人との出会いや話し合いといった共同作業が自己理解や他者理解を促進するということが実感としてわかったからである。

そして、感情。自分自身の感情の受容についても、感情表現においても、肯定的な側面が多くなってきた。たとえネガティブな感情であっても、感情の自己コントロールも含めて、肯定的な処理ができるようになった。以上のように、私の行動・思考・感情においてかなり大きな変容があったと思っている。

②仕事場でエンカウンターを考えることが多いので、日常生活での典型的な具体例はよくわからない。しかし、私の家には九十六歳になる痴呆がすすんだ祖母がいる。「南無阿弥陀仏」を唱えて安らかな死を待望する祖母との朝夕のあいさつでは、一期一会を痛切に感じる。これが私の日常におけるエンカウンターかと思う。大げさな言い方をすれば、彼女とのあいさつが、彼女の人生や自分の人生を考える契機となるからである。

第4章

リーダーは受容すればよいのか

——介入上手なでしゃばり者

加勇田修士

構成的グループエンカウンター（以下エンカウンターという）がうまくいったかどうかはまずエクササイズなどの構成とインストラクションがよかったかどうかによるが、次に重要な条件が、適当な介入の量と質である。

エクササイズやシェアリングの中で、あるいはエクササイズ後のフォローとして、エンカウンターのスピリット（自分のホンネに忠実になる姿勢）を体験する機会を設定（介入）するのである。すなわち、エクササイズのねらいが達成されるためのインストラクションが不十分であったり、メンバーの不適切な発言や行動があった場合の補足や修正（介入）が必要なのである。

以下この章では、介入の目的、必要性、方法、具体的な介入例の順に述べる。

1 介入とは何か

介入をすることは、エンカウンターの醍醐味を味わうことである。リーダーの介入の仕方次第でしまりのあるエンカウンターにもなれば、しまりのないエンカウンターにもなるからである。では、エンカウンターにおける介入とは何か。介入の目的、その必要性と実際に介入が必要となる場面、種類と方法を詳しく説明する。

介入の目的

構成的グループエンカウンターの「構成的」とは、時間・場所・ルール・エクササイズなどの枠組みを設定することだけでなく、ねらいが達成されるためのインストラクションや介入を含んでいることが重要なのである。

たんにエクササイズを流せばよい、というものではない。それだけでもある程度の効用はあるが、メリハリのない味つけを忘れた料理のようなものである。個人カウンセリングの延長で、なんでもカウンセリングマインドでという構えでいると、「受容と共感」という美名のもとに「介入」のタイミングを失ってしまう場合がある。

エンカウンターは集団の教育力を期待したグループ活動であるから、強力なリーダーシップが必要なのである。しかし、これは力を背景にした管理的なリーダーシップではない。カウンセリングの理論を背景にした介入方法を身につけたリーダーシップである。

つまり、「受容と共感」をベースに置きながら、「積極的な技法」を取り入れた介入を行うのである。

介入が必要なとき

介入の心構えとして、まず全体の雰囲気に気を配る必要がある。沈滞しているかどうか、その原因は何か。次にメンバー一人一人の様子を見る。つらそうにしていたり、不自由な感じに見えるメンバーがいれば必要に応じて介入する。

① グループの雰囲気が後ろ向きのとき

エンカウンターとはホンネの交流である。リーダーがいま現在のグループの雰囲気が後ろ向きであることを感じたときは、グループのメンバーも同じ感情を共有しているはずである。

例えば、沈黙が長く続いた場合、それが意味のある沈黙か意味のない沈黙であるかの判断が重要である。意味のない沈黙であることがわかっていても、その感情をグループのだれもが言い出せないとき、ホンネの交流が行われているとはいえない。リーダーとしてはタイミングをはずすことなく、その場の雰囲気をフィードバックしたほうがよい。「何となくみんなの様子を見ていると、重苦しい感じがするんだけど、同じような感じをもっている人、手をあげて」「発言しにくくて沈黙が苦しいときは、素直にその気持ちを伝えてほしいなあ」のように、リーダからみた事実や感情をフィードバックするのである。

② 抵抗を起こしているとき

抵抗の心理には三種類ある（『エンカウンターで学級が変わる中学校編パート2』のコラムで、國分久子が指摘している）。

一つには、失敗を恐れて無難な行動しかとれない心理（超自我抵抗）。二つめは、正直に自己開示すると損してしまうという感情が働いて、ほどほどにつきあおうとする心理（自我抵抗）。そして、束縛されることを嫌って、私語や悪ふざけをやめない心理（エス抵抗）の三つである。

このような抵抗が生じていることがはっきりしている場合は、気づきの世界を広げるチャンスとして、抵抗の心理の意味を明らかにしながら、いまの自分に向き合うことをすすめたほうがよい。

そして、どんな集団に成長することを望んでいるのかを問いかけるのである。状況によっては討論の場になってもよい。洞察が深まることによって連帯感（グループネス）が育ち、自己開示を促進させるきっかけになる。

また、抵抗を起こすことが予想されるような集団である場合は、あらかじめ十分なレディネスをつくっておいたほうがよい

例えば、「エクササイズの目的とお願い・約束」（大関健道『エンカウンターで学級が変わる中学校編パート1』）というようなプリントを作って、何かあるたびに確認できるようにしておくのである。

③　ルールが守られていないとき

・悪ふざけや人を馬鹿にする行為があった場合

この場合は、見逃さずに注意したほうがよい。

例えば、仲間同士がふざけ合っているように見えながらも、あだ名で呼ばれて嫌な顔をしているメンバーがいた場合、そのことで嫌な思いをしていることを本人に確かめ、

その気持ちとともに、これからは名前で呼んでくれるようにと発言してもらう。本人が言えないときはその気持ちを相手に伝え、同じことを繰り返さないことを相手に表明させたほうがよい。

注意するだけでなく、グループの中で起こったことはグループの中で解決していくという姿勢を全員に教えたほうがよい場合がある。後で個人間の問題として処理する方法をとると、グループが人を癒すというチャンスを失うからである。

・あるメンバーが時間を独占してしまう場合

この場合は、特定のメンバーの性格の問題と片づけるのではなく、どのメンバーにも起こりうる公共性のある問題として取り上げる。

例えば、四人グループで六分間討論ならば一人一分三〇秒分のもち時間である。他人のもち時間を奪わないようにという現実原則を学ぶチャンスである。「限られた時間内に話すときは結論から話すようにしましょう」と介入する。

・あるメンバーに嫌悪感を表した場合

例えば、「トラストウォーク」で、いつも孤立しがちなメンバーとペアになったメンバーが服の裾をつかむような形で嫌悪感を表したようなケースがあったとする。このときはロールリバース（role reverse ある場面を役割を交換して再演すること）が効果的な方法である。まず、全体の進行を止めて、リーダーが、「嫌悪感を表したメンバー」がした行動を近くのメンバーをモデルに再演し、次にあたたかみのある逆の行動を実演して感想を聞くのである。直接当事者に介入しないで、全員に見本を示す方法である。

・メンバーが不適切な発言をした場合

不適切な発言をしたメンバーに対しては、発言内容へのコメントが、メンバー個人の人格否定につながらないように配慮する必要がある。

例えば、「〇〇さんの考え方は古い、いまの時代は～のように考えたほうがいい」とか、「〇〇さんの話し方は、人に誤解を与えるから改めたほうがいい」など、評論家のような知的な発言をするメンバーには、「エンカウンターはホンネの交流なので、もっと感情を出しましょう。『あなたは～したほうがいい』というような相手を主語にしたユーメッセージよりも、私を主語にしたアイメッセージで言ったほうが、ほんとうの気持ちが相手に伝わりますよ」と介入するのである。

④ グループになじめないメンバーを見つけたとき

シェアリングでものが言えずグループになじめないメンバーを見つけたとき、リーダーは補助自我になるとよい（補助自我とは、自我の弱い人の動きや発言を引き出したり、支えたりする役割のこと）。ものが言えないメンバーの代弁をするとか、せりふを教えて本人に直接言わせるのである。この場合、非言語のメッセージを読み取る観察力をリーダーとして備えているかどうかが問われる。

何かもじもじして言いたそうにしているメンバーを見つけたとき、「〇〇さん、何か発言したいことがあったらどうぞ」と発言の機会を与えるのである。それまで目立たないメンバーが一度きっかけをつかんで話せるようになると、シェアリングも活気づいていく。

⑤ 心的外傷を受けたメンバーがいたとき

・自己開示のし過ぎを後悔するメンバーには……

言い過ぎたことを後悔するメンバーが出てきたときは、本人と周囲と両方へのフォローが必要である。本人へは「君の自己開示のおかげで、他の人も言いやすくなり、エクササイズが意義深いものになった」とその勇気をほめ、周囲のメンバーには、守秘義務の約束を確認することである。

・自己嫌悪に陥ったメンバーには……

自己理解が深まることで、いままで意識していなかった欠点に気づくようになり、自己嫌悪に陥るメンバーがいる。こんなときは、「ジョハリの窓」の話を紹介し、自己盲点が少なくなって新しい自己を創造できるチャンスであることを伝える。あるいは自己嫌悪のもとになっているイラショナルビリーフ（例：明るくかっこよくふるまえない人間はダメ人間だ）を修正する。

・他人を憎悪するメンバーには……

原則としてエンカウンターは肯定的な感情交流をめざしているが、ロールプレイのようなエクササイズがきっかけで対決になってしまった場合、激しいやりとりで感情的なしこりが残ることがある（例えば、拒否の役割を演じるロールプレイなど）。この場合はまず、二人のビリーフをそれぞれ発見させ、それぞれの修正を手伝うとよい。しかる後にシェアリングで他の仲間の反応にもふれるとよい。そして、その後の休憩時間になごやかな感じの音楽を流すことを勧めたい。

介入の種類と方法

介入とは、受身的な技法から能動的な技法までの連続的な技法を駆使することである。そのときの状況に応じたさまざまなスキルがある。

①受　容――ワンネスの世界を築く

カウンセリングの基本である受容と共感が根底にあれば、リーダーとメンバー、メンバー同士の間でワンネスの世界を築くことができる（ワンネスとは、相手の世界を相手の目で見ること。國分康孝教授が開発した言葉）。すなわち、受容的な言葉かけは大切だがそれ以上に非言語的なメッセージも大切である。「傾聴」「うなづき」「あいづち」などである。さらにリーダーが積極的に自己開示と自己受容のモデルを示すことによって、メンバー自身も自己受容しやすくなる。

人がいちばん望むことは、何とかしてもらうことよりもまずわかってもらいたい、理解してほしいということである。例えば、「前置きが長すぎる！」と評価的に言うよりも、「あなたの話を理解したいので、結論から先にもっと短く話してくれると助かるんだけど」と言うほうがいい。

②繰り返し——思考・感情・行動の拡大・修正のきっかけをつくる

メンバーの発言を繰り返し強調することによって、思考・感情・行動の拡大・修正のきっかけをつくることができる。例えば、断られてもお願いし続けるロールプレイのエクササイズを通して、「人にお願いすることがこんなに苦手な人間であることをあらためて実感した」という発言をしたメンバーに対して、「人に頼みごとをすることが苦手なんですね」と繰り返し強調するのである。これを機会に、自己主張の弱さを修正するきっかけが生まれる。

③明確化——自己理解・他者理解を深める

メンバーがはっきり意識化（言語化）できず、その根底に流れている感情や意味を言語化することを通して自己理解・他者理解が深まっていく。例えば、「みんなの言っていることがそらぞらしい。こんな話し合いを続けても意味がないと思う」という発言を取り上げ、「あなたは、みんながホンネで話しているようには思えないから、もっとホンネを出して意味のあるシェアリングをしたい、ということですか」と明確化するのである。

④ 支　持――自信をもたせる

日ごろ無口でおとなしいメンバーが、人前で発言できたときや思い切って自己主張ができたときには、タイミングをはずすことなく支持したほうがよい。「いまのような発言が自己主張で、こんな形で自分を打ち出すことをエンカウンターというんです」とリーダーから肯定的な支持が得られたことで、自信をもつことができるからである。

⑤ 質　問――あいまいな進行を防ぐ

発言の声が小さかったり、意味が不明瞭なときは、質問技法を用いて発言を繰り返させたり、言い直しをしてもらったほうがよい場合がある。あいまいなまま進行してしまうのを防ぐためである。

また、ルール違反のメンバーを見つけたときには、しかりつけるのではなく、そのときの感情を質問し、冷静に考えさせることで行動を修正させるのである。これはリレーションを深める効果もある。

例えば、私語をしているときは、エクササイズに対する抵抗感をもっている場合がある。しかし、このとき、私語をしている行為をしかるよりも、エクササイズに参加したくない感情を出させたほうがよいのである。

⑥ 自己開示――メンバーの気づきのきっかけをつくる

リーダーの適度な自己開示がメンバーの自己開示の模倣の対象になったり、メンバーの気づきのきっかけになる。しかし、「また自慢話か」と愛想をつかされる場合もある。それはナーシシズムまる出しの自己開示の場合である。エンカウンターの自己開示は、「目立ちたい」「ほめてもらいたい」が動機ではなく、「聞いてもらいたい」「言わしてもらいたい」が動機であることを心にとめておきたい。

⑦ フィードバック――相互のシェアリングを促進する

エクササイズやシェアリングの中で、メンバー同士がフィードバック（客観的な事実や感情を返してあげること）しあうのが原則だが、うまく進まない場合がある。リーダーが挙手によって全体の雰囲気を確認してフィードバックしたり、あるいは、全体に向かって「なんとなくエクササイズの延長になっているので、もっといま感じたこと、気づいたこと、学んだことを自己開示してください」などと指摘することによって、メンバー相互のシェアリングを促進することができる。

⑧ リフレーミング——思い込みに気づかせる

エクササイズの途中で、あるいはシェアリングの中で、感情が高ぶったり、パニック状態に陥ったりする場合がある。メンバーの言葉や感情をフィードバックしながら、いまとらわれている思い込みに気づかせる。しかる後に論理療法を用いてリフレーミング（言いかえ、発想の転換）すればよい。

リフレーミングに効果的なキーワードをもっていると効果的である。例えば、「ザ・ベストに越したことはないが、マイ・ベストで十分である」「過去と人は変えられない。変えられるのは自分と未来である」など。

⑨ 示唆、助言、説明、教示、コメントの留意点

國分康孝教授は、その著書『エンカウンター　心とこころのふれあい』（誠信書房）の中で、次の一〇項目に関心を払って、示唆、助言、説明、教示、コメントすることを勧めている。

i 過去の体験ばかりを語る人がいるときは、「いまはそれをどう思っているか」と焦点

をシフトするようにうながす。というのは、いまの自分に対決したくないから過去の自分に逃避することがあるからである。

ii 社会問題を論じ始めた場合は、いまここでの自分を語れと迫るのがよい。知的論議は自分を語らないですむ。このような時間つぶしを拒否するのである。

iii 知性化・合理化はこれを指摘すること。知性化とはなまなましい感情を抽象語で表現することであり、合理化とは自分の弱点を美化・正当化することである。知性化にせよ合理化にせよホンネの自分をかくす方法である。エンカウンターではそれを黙認してはならない。

iv エクササイズや討論に無関心なメンバーに気づくこと。そしてそのことを当人に告げ、なぜそうなのかを語らせるとよい。もし、無関心なメンバーを放置あるいは無視するようなことがあればリーダーの熱意のほどが疑われる。

v 一般化傾向（generalization）についても留意せねばならぬ。つまり「われわれは……」と一般化して話す人には「私は……」と言いかえさせるのがよい。

vi 仲裁者の役をかって出る者がいる。言い争いを見るに耐えず「まあまあ主義」でごまかしてしまう人である。おかげで事柄の本質に迫るチャンスをぶちこわされてしまう。本人はいいことをしたくらいに思っている。悦に入っている。そういう余計なことをするな、エンカウンターとは何であるか、と迫るのがよい。そういう通俗的な「ものわかりのよい顔」をする者を黙認しているとエンカウンター・グループのしまりがなくなってしまう。

vii 同性同士、同職業同士、同世代同士、同職場同士など似たもの同士がいつも一緒になる傾向をペアリングという。不安・孤独を解消する方法である。これは禁ずるのがよい。食事や休憩時間などの行動をよくよく観察しなければならぬ。

viii 特定個人が攻撃の的にされることがある。メンバーは自分にコンフロントされたくないものだから、自分への攻撃をかわすために特定個人のみを話題にすることがある。弱い者いじめである。古参兵的メンバーがこれをする傾向がある。リーダーは敢然と仲に割って入らなければならぬ。

ix 自分の感情を表明したくないので、人に質問ばかりする人がいる。そういう場合は、質問の背後にある自分の感情を言え、と迫るのがよい。

xメンバーの感情のリズムにあわせながらエクササイズを展開することである。予定のエクササイズを予定の時刻に予定した方法で、というのは機械的すぎる。

2 上手な介入と下手な介入

典型的な介入のモデルを通して、介入上手なリーダーへの道を学ぶことができる。ここでは、グループ体験を通して洞察が深まった例と「トリックスター」出現時のリーダーのあり方、そして介入の成功例・失敗例をあげて具体的に説明する。

ゲシュタルト療法・論理療法等を生かした介入の見本

エンカウンターの源流であるゲシュタルト療法は「感情の伴った洞察」を大切にしているが、これはエンカウンターのめざすところでもある。ゲシュタルト療法ではグループの前で、特定個人とリーダーがサイコドラマ風のエクササイズを行うのが標準型である。観客であるメンバーは、心の中でそれぞれが抱えている類似の問題に取り組む。エクサイズの後、リーダーとクライエントとの会話はあるが、他のメンバーはそれを聞いているだけである。しかし、エンカウンターではメンバー同士が輪になって、いま体験して感じたことを語り合う。「グループ体験がメンバーを育てる」という発想があるからである。

國分ご夫妻がスーパーバイザーをつとめるワークショップに数回参加する幸運に恵まれ、そのたびに、後々まで記憶に残る介入のモデルを拝見させていただいた。

次のケースは、十年前の八王子大学セミナーハウスでのエンカウンターワークショップの中の出来事である（秘密保持のため一部脚色してある）。

あるエクササイズが終わってシェアリングをしているとき、一人の男子大学生が「自分は人に好かれないタイプだから、対人関係がうまくいかない」という主旨の発言をして泣き出してしまった。それを、スーパーバイザーの國分康孝教授が聞いて、本人の了解のもとに全員が見ている前でカウンセリングを行うことになった。ある程度進行してから、周りのメンバーに向けて、「この人に対して嫌な感情を抱いている人は手をあげてください」と言ったが、だれも手をあげなかった。

自分の思い込みがいかに事実に基づかない非論理的なものであるかをその学生に確認した後、「この人のよいところに気づいた人は発言してください」とメンバーのほうに向いた。次々と手があがり、具体的な理由とともに学生のよいところが出てきた。学生は肩を震わせながら聞いていた。

國分は、「すべての人に愛されなければならない」というビリーフに縛られることで、かえって行動が萎縮してしまうことを話し、勇気をもって人と交流することを勧めた。カウンセリングの終わりごろには、「これからは積極的に対人関係に取り組めそうです。ありがとうございました」と話すほどになった。

このような場面ではいつも、國分久子教授の介入行動を通して、補助自我としてのあり方についても学ぶことができた。学生の後ろで両肩に手を置き、ともに涙を流しながら発言を促したり、補強したり、繰り返させたりするのである。まさに両教授の介入とグループ体験を通して洞察が深まっていく様子を目の当たりにして、感動させられたものである。

トリックスターの出現でリーダーの技量が問われる

國分久子教授は、グループの雰囲気にゆさぶりをかけるトリックスター（「いたずら者」を意味する）の存在に対して肯定的である。その理由として、

1. 停滞したグループメンバーの無意識を活性化し、新しい意識を目覚めさせる働きをする存在。
2. グループの安易な連帯感（裏面交流）に満足しないよう警告を発している。
3. グループのお座なりな行動パターンを壊して、メンバー一人一人が「自分はどうだろう」と考える契機を与えてくれる。

以上の三つをあげている。自己開示は、存在への勇気（Courage to be）の具象化したものだから、自己開示のモデルというべきものである。そして、他のメンバーがどんどん反応するように介入することを勧めている。さらに、モデルにならないトリックスターとしての「一言居士」についても述べている。流れにさおをさしてはいるが理屈をこねているので（防衛規制の一つである『知性化』をしているので）、人の心をゆさ

ぶらない。このような場合は、抽象的に介入しないで「あなたはいま、どんな感情をもっているの？」と具象的に語るように促すことを勧めている。

トリックスターが複数出て混乱しても恐れない。むしろそうなることでメンバーは自分の路線を定めざるを得ないので、依存から脱却し、従順から独歩へと動きが出てくる。この体験により「グループには、人を育て、人を癒す機能があるとはこのことか」と納得するはずである、と指摘している。

話は少しそれるが、十年前までの生徒指導部を担当していたころを思い出した。いつも生徒との間でトラブルを起こしていた教師に共通のパターンがあった。生徒と真っ正面から向き合わずに、言いわけや理屈でかわそうとするのである。例えば、「質問をしているのに自分を無視した」と言う生徒に、言いわけがましく「無視したわけではない、聞こえなかった」とか、「もっとわかるように質問してくれなきゃ」と答えても生徒は納得しない。生徒と押し問答が続いてトラブルになり、他の教師が止めに入るケースである。生徒は授業内容がつまらないからちょっかいを始め、そこから逃げようとする教師に対して執拗に、反抗・からかい・脅しを繰り返した。エンカウンターを避け、Courage to beに欠けていたのである。

真っ正面からホンネで勝負することで問題打開への道が開けることをあらためて確認できたと同時に、エンカウンター精神が、日常の教育活動を展開するうえで必要不可欠であることを実感したのである。

介入の成功例・失敗例

① 介入でシェアリングの流れが変わった例

ある全体シェアリングのとき、「始めてみんなと顔を合わせたときはとても不安でしたが、いまはすっかりメンバーの一人としてうちとけ、幸せな気持ちでいっぱいです。ありがとうございました」という発言に拍手がわいた。似たような発言とその後の拍手という繰り返しが二〜三回続いたので、リーダーとして介入した。

「何となく拍手されるような内容でなければ話せない雰囲気になっています。心からの拍手ならばいいのですが、とりあえず一回ずつの拍手はやめましょう」。

それまで表面的な感情表出と、話題がつながらない単発発言の多い流れだったが、この介入を機に流れが一変した。ネガティブな発言も含め、深い自己開示の伴ったホンネの交流が続くシェアリングに発展したのである。

② 裏面交流を指摘した例

「裏面交流」とは交流分析の用語で、発言内容と本心が一致しない交流のことである。

リーダー養成のワークショップで「私の旗印」というエクササイズが終わりに近づいていた。各メンバーが当面の目標として画用紙に描いた旗印（標語の言葉と絵を組み合わせたもの）を見せ合う段階になったとき、Aさんから「ほかの人には見せたくない」という意見が出た。絵が下手なのではずかしいという理由だった。たしかにインストラクションのときには全員の作品を見せ合うという契約はしていなかったので、このエクササイズ担当のリーダーは全員で見せ合うことをあきらめた。

ほかのエクササイズ担当のプログラムも予定どおり進み、その日最後の全体シェアリングを迎えた。あることがきっかけで、BさんとCさんの心理的な葛藤のことが話題になった。そのときAさんが、「実はBさんとCさんの旗印がまったく同じであることに気づいて困っていた。Bさんから相談を受けたので、自分が見せたくないということにして見せ合うことをやめてもらった」と打ち明けた。

サブリーダーとしてはこのまま見過ごすわけにはいかないので介入した。「たとえBさんに対する友情のためであったとしても、本心でなかったことは悲しい。グループの力を信じてもらえなかったことも残念です」。エンカウンターの目標はホンネの交流であって、裏面交流はあってはならないという思いが強かったのである。

③ 勇み足の介入――介入の失敗例

リーダー養成のワークショップで、スタッフ（サブリーダー）として参加したときのことである。

二日目の最後のシェアリングの場面のことだった。Aさんが発言したのにだれもそのことに反応しなかった。ほかの話題に移っていって、再びAさんが同じ内容の発言をしたのに無視されそうになったので、「さきほどからAさんの発言に対してだれもエンカウンターしてないんだけど」とサブリーダーとして介入した。それを受けてAさんの意見に対する賛成、反対、感想などのコメントがしばらく続いたところで、今度はリーダーの介入が入った。「何か話が知的な方向にいっていると思うんだけど、このへんで流れを変えたほうがいいんじゃないかな」。まさにそのとおりなのである。全員がハッとわれに返ったようにほかの話題に移っていった。

Aさんの話の中身はこうである。「トラストウォークのエクササイズなのに、人間カメラのエクササイズみたいに途中で物を触らせるのはトラストウォーク本来の目的からそれていると思う」。それに対する意見も感情表現が少なく、研修会の討議のようなものになってしまったのである。

リーダーに救ってもらった形になったが、もともとAさんが出した話題は知的なものだったからこそ、ほかのメンバーものってこなかったのだろう。サブリーダーの介入は勇み足だったのである。介入で失敗した典型的な例であるが、リーダー、サブリーダーと複数で担当できる場合は、お互いの自己盲点をカバーしあうことができる。

3 介入上手なリーダーになるために

介入上手なリーダーになるためには、介入の原則と柔軟性を身につけ、アイメッセージを打ち出す勇気をもつことである。

「母性原理」をベースにした「父性原理」を発揮する技法を駆使する

エンカウンターは、心のふれあいを回復し、自己を発見するための体験学習である。ありのままの自己を受容し、自己主張・自己開示・自己表現することによって他者とのリレーションが深まり自己発見ができる。ありのままの自己を認め合う雰囲気を育てることが第一である。

母性原理とは、リーダー自らが受容的、支持的な態度をとり、非評価的・非審判的な姿勢で臨むモデルを示すことである。そうすれば、お互いの違いを認め合い、尊重し、お互いのあるがままを受け入れる雰囲気が生まれる。そのためには、威圧的・権威的な態度をとらないこと、お互いに相手の感情に敏感になり、共感的に理解することを強調する必要がある。ひたすら傾聴に努め、無条件で受けとめるというメッセージを伝えることである。その場合、非言語のメッセージを大切にするだけでなく、「私は〜と感じた」「私は〜ということに気がついた」というアイメッセージでフィードバックしてあげるとより共感性が高まる。これが、自己開示の仕方のいいモデルになり、メンバーの感情の自己開示を促進することになるのである。

グループが準拠集団として成長し、肯定的な雰囲気が定着した場合、さらにレベルの高い交流が可能になる。コンフロンテーション（対決）的な要素を含んだエクササイズの実施である。エンカウンターは、激しさよりもやさしさを底流にしているが、エゴの成熟した大人グループならばコンフロンテーション的なエクササイズを挿入することで、さらに深い気づきを得ることができる。

しかし、小・中・高等学校ではエンカウンター志向のエクササイズ（自己開示と傾聴が主目的の演習）だけにとどめるほうが無難であり、効果的である。いずれにしても、慈父であり慈母であるという母性原理をベースにして集団をまとめ、介入するのである。

しかし、エンカウンターを、限られた時間と空間の中で、さまざまなメンバーを対象にして行う場合、以下のような「父性原理」の発揮も必要になってくる。

・エクササイズ実施上の、ルールの徹底を図る。特に、悪ふざけやからかい、ひやかしを厳重に規制する。

・エクササイズの目的、やり方があいまいになったらそのつど繰り返す。
・時間の管理をしっかりと行い、限られた時間を有効に使う。
そして、次の3点について も留意する必要がある。
1．介入のタイミングをはずすことなく、また発言量も適当であること。ただし、失敗を恐れて萎縮しないこと。
2．介入の背景となる、精神分析・論理療法・ゲシュタルト療法・交流分析の理論になじんでおくこと。
3．Courage to be の精神で、自己開示のモデルになる気構えをもつこと。
以上要約すれば、「構成的」であるがゆえに、「母性原理」をベースにして、さらにそのうえに「父性原理」を発揮することが必要なのである。そのためには、カウンセリングの理論になじみ、カウンセリングの技法を生かしながら、「うまくやろうとするな、わかろうとせよ」（片野智治）という態度で接することが大切である。

そして、いざというときには打って出る勇気をもつことである。

集団のレディネス状態を判断する力

例えば、教師集団のエンカウンターと保護者集団のエンカウンターではシェアリングの際の介入の仕方が違って当然である。教師集団の話し合いの中身がなかなか深まっていかない場合、「なんとなく雑談になっていませんか、もっと自分自身がどう感じたかを語ってください」などと介入する。自分のクラスで実施するエンカウンターのよいリーダーになってほしいからである。

しかし、保護者集団ではそこまで介入することはしない。保護者のエンカウンターは親睦が目的である。したがって、用いるエクササイズもそれほど深い自己開示が求められないので、シェアリングの場合も和気あいあいとした雰囲気が出ていればＯＫなのである。

個人の面接では、まずリレーションづくり（ワンネス）から始まり、リレーションが深まると児童生徒のためになることを考えるようになる（ウイネス）。信頼関係が安定してきた段階からアイメッセージ（アイネス）でゆさぶることも始まるのである。

集団においても同じである。メンバー同士のリレーション、メンバーとリーダーのリレーションをつくるエクササイズの段階から、リレーションが深まるにつれて自己開示のレベルが高いエクササイズを取り入れる段階に移っていく。いまこの集団が準拠集団としてどの程度成熟した集団であるか、どの程度のレディネスをもっているかの判断は大切である。

すなわち、プログラムの構成やエクササイズの流れを、集団のレディネス状態に合わせていつでも変更できる柔軟性が求められるのである。客観的な情勢やメンバーと自己のホンネに気づく力を養うためには、日ごろから自己盲点やイラショナルビリーフを点検する姿勢をもつことが必要である。

アイメッセージを出す勇気

介入上手なリーダーになるための最後の仕上げはアイメッセージである。さまざまな技法を用いても、感情の伴ったメッセージがいちばん相手の心に伝わる。アイメッセージで返すことにより、メンバーへの自己開示の仕方のいいモデルにもなる。

例えば、私語が多いメンバーに対して、「私語はやめなさい。いまの時間は何のためにあるんですか」とユーメッセージでしかるよりも、「さっきからうるさくなってきたことで腹が立っている。ぼくは君たちともっとエンカウンターしたいからルールを守ってほしいんだ」。あるいは、「いま、エクササイズに参加したくない気持ちを話してくれないか」とアイメッセージで迫ったほうが心に伝わるのである。

そして、最後のシェアリングで、プログラムのまとめとしてリーダーの発する自己開示的なひとことは、エンカウンターの効果を高めるものである。「今日は、ひとの人生の貴重な一コマにふれて私は目頭が熱くなってしまいました」「私もやっとこれで若年寄りから開放された気分です。エネルギーを与えてくれた皆さんに感謝します」などのメッセージを出せるようなリーダーになりたいものである。

第5章

エンカウンターはふれあいだけか

――心の富者を育てるもの

片野智治

構成的グループエンカウンター（以下エンカウンターという）は、仲よしクラブをつくるのに即効性がある、といったイメージがある。このイメージは、たしかに当を得ている。

しかしそれだけではない。

ふれあいづくりにとどまらない教育的機能がエンカウンターにはある。それを言いたいために、本章のタイトルを「エンカウンターはふれあいだけか——心の富者を育てるもの」とした。本章の骨子をひとことで言えば、エンカウンターの効用（効果）はふれあいづくりだけでなく心の富者を育てることにある、ということである。

では、心の富者とはどんな人のことか。多様な反応のできる人という意味である。反応がワンパターンの人は心貧しき人（國分康孝）ということになる。すなわち心とは反応のことである（國分康孝）。そして反応とは感情・思考・行動のことである。心貧しき人はある特定の感情・ある特定の思考・ある特定の行動にとらわれているがゆえに、反応がワンパターンになってしまっている人ともいえる。

例えば、高校受験で第一志望校に入学できなかった子どもが、「どうせ俺はダメ人間だ」「私は人生の敗者である」「ぼくの人生はこれで終わった」と思い込んでいるとしたら、この子どもはある特定の思考にとらわれた心貧しき人ということになる。

かつて私はエンカウンターが認知に及ぼす影響について研究した（片野・堀「構成的グループ・エンカウンターと自己認知の変化」『教育相談研究三二巻』一九九四年）。認知とは考え方や見方、受けとめ方のことである。エンカウンター体験は自分自身をどのように受けとめるか、他者をどうみるか、人生をどう考えるかなどに影響を与えるということがわかった。認知が変わると感情も行動も多様化するのである。

ではどのようなプロセスで、エンカウンターによって心の富者が育つのか。

それは「エクササイズを介した自己開示、自己開示を介したリレーションづくり、リレーションづくりを介した自・他・人生一般の発見」（國分久子、第一章第一節）といった流れによるのである。

この流れがどういうわけでどのような変化を、①一人一人のメンバーにもたらすか、②グループにもたらすか、③リーダーにもたらすかを詳説したい。

1 子どもたち一人一人に何が起こっているか

エンカウンターは、一人一人の子どもたちに、次の四つの変化をもたらしていると考えられる。

自分の思いがはっきりしてくる

エンカウンターとはホンネとホンネの交流（感情交流）のことである。すなわち自分のホンネに気づく、自分のホンネを表現・主張する、他者のホンネを受け入れる人間関係のことである。

ではどうしたら自分のホンネに気づくことができるのか。

第一はエクササイズに取り組んでいるときの自分の感情（体感）を意識化することである。エクササイズはホンネを引き出す誘発剤の役割をする。

例えば、私が参加した最初のプログラムの中に、「アニマルプレイ」と「臨終体験」

というエクササイズがあった。「アニマルプレイ」は、四人一組のグループで、各自が自分の好きな動物になりきるというエクササイズである。私はライオンを選び、フロアーをよつんばいになってウロウロした。威厳にみちた百獣の王になれず、吠え声に迫力もなく、周りのまなざしに気をとられながら、気はずかしさでいっぱいだった。全身が鳥肌状態になった。エクササイズに取り組んでいるときの私のホンネは「はずかしい」「こんな格好の悪いエクササイズは避けたい」というものであった。このホンネを誘発したのがこのエクササイズであった。

後者の「臨終体験」は、三人一組になって、各メンバーが臨終間際の人、みとる人、観察する人の役割演技をするエクササイズである。みとる役となったKさんは私からみたら雄弁だったのである。数年前に相次いで父母の臨終をみとった経験をもつ私は、Kさんの雄弁さについていけなかったのである。嗚咽してしまい、言葉を発しようとすればすればするほど、嗚咽が激しくなってしまった自分をいまでも覚えている。

自分のホンネに気づく第二の方法はシェアリングである。

これはエクササイズを体験してみて、気づいたこと、感じたことを自由にメンバー各自が語るものである。

例えば、アニマルプレイをした後で、「私は子どもを袋に入れているカンガルーをやってみて、子どもの重さや子育ての難儀が少しわかったような気がします。動物でも子育ては大変なんでしょうね」と、この女性は子どもをつくることに気持ちがすすまない自分を語った。

こんなふうに感情や思考（見方、受けとめ方）などを共有するところにねらいがある。みんなと同じで安心したり、みんなと違って安心したりする。比較ができるのである。また他者の言ったことやフィードバックがきっかけで自己発見が誘発されるし、自己洞察が促進される。

このようなプロセスを経て、自分の思いが明確化される。以上を要約すると、エクササイズに取り組んだり、シェアリングしたりすることで自分の思い（ホンネ）がはっきりするのである。自分の思いがはっきりしないままに、またホンネを抑えて行動していると、自己疎外に陥ってしまうことになる。

自己肯定感が高まる

私は筑波大学大学院教育研究科カウンセリングコース専攻の修士論文で、エンカウンター体験が参加者の自己概念の変容に及ぼす影響を明らかにした。自己概念とは自分像のことである。この自分像はその人の行動の内的準拠枠（行動基準、例えば、「私は責任感の強い人間である」という自分像をもつ人は、それにそうような行動をする）になっており、重要な他者（例：親や教師）の評価を摂取して形成されるものである。

さて、私は自分像が変容すれば、行動も変容するであろうという仮説を立てた。では自分像はどうしたら変容するか。

この自分像は他者の評価に影響を受けるので、他者の肯定的な評価を得て自己肯定感が高まれば変容するであろうと推論した。そこで自分像とセルフエスティーム（自尊感情または自己肯定感）の関係も調べた。

エンカウンター体験をすると、自分像はポジティブな方向に変わり、自己肯定感も同様の方向に変わるのである。すなわち、自分が好きになるのである。ではどうして自己肯定感が高まるのか。

エンカウンター体験はつきつめると、エクササイズを介した参加者相互の自己開示体験と被傾聴体験である。お互いが開示しあい傾聴しあうのである。語って嬉しい、聴いてもらって嬉しいという体験をする。すると他人からこんなにも真剣に聴いてもらえる自分は、他人に受容されるに値する人間であると思えるようになる。他者の開示に対して自分がフィードバックしたことが傾聴されると、自分は他者にとって役立つ人間であると思えるようになる。

また「私は私が好きです。なぜならば……」や「私はあなたが好きです。なぜならば……」といったエクササイズを介して、自画自賛したり他者からプラスのストローク（ほめことば）をもらったりすると、自尊感情が高まるのである。

次に、高校二年生女子（T子）の例を示す。T子はエンカウンターに参加する前は「淋しい自分」（図1）といった自分像をもっていた。ところが、エンカウンター体験をした後は「自分で見つけたこれからの自分」（図2）になったのである（片野・堀「構成的グループ・エンカウンターと自己記述の変化」『教育相談研究三〇巻』一九九二年）。

図1　エンカウンター体験前のT子

[私に対して私がいちばん感じること]
・私は私が嫌い。

[自分で気づいた直したい面々]
・私は一人になると暗いくせに、他人の前だと大騒ぎする。
・私はなにごとも悪く悪く考える。
・私はいいかげん。
・私は好かれたい好かれたいと思っていながらダメである。
・私はヒロインぶっている。
・私は何をやってもうまくいかない。
・私は余計なことばかり考える。

[幼なじみに言われて認めた自分]
・私は口だけ。

[母に指摘されて認めた自分]
・私はあさはか。
・私はコツコツやらない。
・私はうそつき。
・私はあきっぽい。
・私は見栄ばっかりはっている。
・私は気性が激しい。

[楽をしたいとき思うこと]
・私はゆっくり寝ていたい。
・私はもう疲れた。

[自分のほんとうの気持ち]
・私は性格を直したい。
・私は生まれ変わりたい。
・私は淋しい。

図2　エンカウンター体験後のT子

［いままで気づかなかった私がもっていた大切なこと］
・私はよき人を幾人ももっている。
・私には信頼できる人がいる。
・私にはこれからがある。
・私は可能性をもっている。
・私は○○先生に感謝したい。
・私はまだまだやり直せる。

［強くなった私］
・私は幸せになりたい。
・私は負けたくない。
・私は夢中になりたい。
・私は淋しいけど淋しくない。

［いままでとは違う意味での願い］
・私は海に行きたい。
・私は生まれ変わりたい。

［これからの私に必要なこと］
・私はもっと何かたくさんのことをする必要がある。
・私はがんばらなくてはならない。
・私はほんとうの私にならなくてはならない。
・私は夢をあきらめてはならない。
・私は私を大切にしなくてはいけない。
・私は人を信用しなくてはいけない。
・私はものごとを暗く考えない。

Ｔ子は高校生であるが、小学生の場合を例にとっても同じことがいえる。小学校教師の佐藤克彦さんは、実践研究の成果を『学級づくりに役立つＳＧＥハンドブック』という形でまとめた。この中で「学級にエンカウンターを取り入れると……自分や友達のことが好きになります」と書いている。

やさしくされているという感じになる

國分康孝・加藤諦三対談集『ふれあうことでやさしくなれる』（図書文化）という書名は、これが発刊されたときから私はエンカウンターのエッセンスを表現していると感じていた。ではどうしてふれあうとやさしくなれるのか。

私はエンカウンター体験をすると、自己肯定感が高まると前述した。結果として自己概念（自分像）がポジティブなものに変容するとも述べた。さきのＴ子の変容がそれを如実に示している。言いかえれば自己受容（Ｉ　ａｍ　ＯＫ）がすすむのである。自己受容とは自分には短所や欠点も多々あるけれど、そんな自分にもけっこういいところがあり、そんな自分が好きという感情のことである。自分が好きになってその度合いに応じて他者受容（You are OK）も促進されるのである。私の研究でも自己認知（自分に対する見方、受けとめ方）と他者認知（他者に対する見方、受けとめ方）との間には正の相関関係が見いだされた。

また次のようにも考えられる。エンカウンターの本質は自己開示を介したリレーションづくりをするところにある（國分）。人間関係が親密になるほど開示内容も深いものになる。参加者は「私（たち）を信頼してくれて、率直に深いところの自分を語ってもらって嬉しかった」という。このとき被開示者（開示された人）の中に好意がわいてきて、自分も好意を返したいという気持ちになる（これを社会心理学では好意の返報性という）。自己開示しあうということは、好意のキャッチボールをすることになる。

ところでやさしさとは何か。代償を意識しない愛情（思いやり）のことである。相手の足しになることをしたいという気持ちのことである。して嬉しい、されて嬉しいサービスである。気遣い・心遣いといえる。ということは、やさしさの根底には共感的理解がある。共感的理解というのは相手の枠組みで相手の心（反応）を理解しようという態度・姿勢のことである。「わが身をつねって人の痛みを知れ」である。

以上のように考えてくると、エンカウンター体験は参加者の中に共感的理解の態度・姿勢を育てるといえる。

充実感を感じる

充実感とは何か。

次のようなネガティブな気分を告白する子どもが少なくない。「毎日ヒマをもてあましている」「毎日が同じで、張り合いがない」「いまの生活にこれといった目標・目的がない」「一日をなんとなく過ごしている」「自分のしたいことができていない」。

さらに突っ込んで話してみるとこうである。「結局自分をうちこめるものがないし、かといって自分が何をやりたいのかわからない」「友達と話しているときはたしかに楽しいけれど、でもこれといって突っ込んだ話をしているわけではないんです」「将来何をやりたいかなんていまはわからないから、大学にでも入ってからゆっくり考えようと思っています」「授業が終わって校門を出ると、どういうわけかほっとする。家に帰って別に何をするわけでもありません。自分の部屋で、音楽を聞いたり、雑誌やマンガを見たりという感じです」。

燃えていない自分や燃えられない自分を意識している子どもの中に、どのような感情が起きてくるのだろうか。焦燥感や不全感、退屈感、無意味感、虚無感、無力感などである。このような感情を意識して学校生活を送っている子どもに対して、教師は何ができるのか。多くの教師はあれこれ訓話調で話すであろう。こう考えられないか、こういうことをしてみたら、などと勧めるであろう。

かっての私もそうであった。子どもに勧めたときに、彼らの反応はイマイチであった。そこで私は高校生にとって「充実感」とはいったい何なのか、この研究をしてみようと思い立った。「生きがい」に関する研究は私自身にとっては重い内容であった。

文献研究をしているうちに、充実感とか生きがい感の中味の輪郭がみえてきた。例えば、親友関係づくりとか、私は何者なのか、何が私らしさなのか、生き方を含めた進路探索といったものである。

このような充実感研究をしながら、エンカウンターの体験と充実感の関連を一方で探り始めた。すなわち子どもの充実感を高める教育技法としてエンカウンターは有効か。

有効であるとすればエンカウンターの何が効くのか（エンカウンターの何が充実感の中味の何に影響するのか）。どんなエクササイズが効果的か。

以上のようなことに考えをめぐらし、思いをこらしているとき、私は堂々めぐりの果てに何かがみえてくるはずであるとの確信があった。それはエンカウンターと私の生き方との関係を洞察し、エンカウンターについて私にとっての新しい意味を発見すれば、それがヒントになると感じていたからである。

私は「充実感尺度」を作成して、高校生対象のエンカウンターワークショップの事前と事後の充実感得点を比較した。

次のような項目は事前よりも事後の得点のほうが高くなって、かつ統計的に意味のある差（有意差）が出てきた。「自分とは違った考え方や見方をいろいろ知りたい」「自分なりに一生懸命がんばっている」「自分は人間的に成長しているという実感をもっている」「いましていることが、自分を人間的に大きくしてくれている」「自分は毎日の生活に張りを感じている」「自分は、何かしようとするとき、人の意見や話がきっかけになって、アイデアがひらめいたり考えがまとまったりすることが多い」「現在の自分の生活は充実していると思う」。

一方、次のような項目は事前よりも事後の得点のほうが低くなって、かつ有意差が発見された。

「何をやってもうまくいきそうにもない」「自分にはいいところがないように思う」「改めようとは思っていても、自分の行動をなかなか変えられないほうである」「いろいろな点で人にひけ目を感じている」「何をするにしても面倒でかったるい」（片野「充実感を高める構成的グループ・エンカウンター」國分康孝編『構成的グループ・エンカウンター』誠信書房　一九九二年）。

以上のような結果を読者はどのように解釈するであろうか。解釈は十人十色だと思うが、私なりの解釈をつけ加えたい。

エンカウンターを体験する前よりもした後のほうが、子どもは現在を肯定的にとらえるようになっている。ではなぜそうなるのか。きっかけは自分や他者、そして学校生活・私生活一般に対する認知（見方、受けとめ方）が変わったからであると考えられる。すなわち現在自分なりに取り組んでいること（例：勉強とかクラブ活動など）に対して、エンカウンター体験をする前とは違った意味づけができるようになったといえる。その意味づけをする場合に、自分なりの人間的成長と関係づけてできるようになったといえる。また、他者とホンネで交わることで、自分が発展的になれることを学習したと考えられる。

このような変化のベースには、自己肯定感の高まりがあるという事実を見逃してはならない。自己肯定感があればこそ、自分の中から自分を励ます力が生まれる。

充実感は生きがい感につながるものである。「私は何者なのか」「何が私らしさなのか」といった自己存在証明を明確にする作業につながる。こう考えると、充実感を育てる教育指導は大事である。エンカウンターは確実にこの教育指導に寄与できる。

2 学級に何が起こっているか

前節では、「心の富者」の具体例をあげた。さらにエンカウンターがどうして心の富者を育てることができるのかに関して叙述した。そこで本節では、「心の富者を育てる集団」とはどんな集団なのか、その特徴を述べたい。またどうしてエンカウンターがこのような集団を育てることができるのかについて考察したい。

好意の関心が相互に生まれる

エンカウンターをクラスで実施していくと、好意の念が相互に生まれる。このような状態を國分は「ワンネスのあるクラスである」と指摘している。

ワンネスとは、ロジャーズの言葉を借りて言えば、非審判的で許容的な無条件の肯定的関係である。受容的で共感的な不思議善悪の態度や姿勢が仲間同士にあるので、相互に安心していられるのである。防衛する必要がないので自由でいられる。

私はかって國分康孝・國分久子両教授が主宰した「インターカレッジ人間関係ワークショップ」参加者（大学生）の人間関係が、ワークショップの期間中にどのように変化していくのかについてリサーチした（片野智治・吉田隆江「大学生の構成的エンカウンター・グループにおける人間関係プロセスに関する一研究」『カウンセリング研究二一巻』一九八九年）。

ワークショップの初期の段階では、「あたたかく安心である」「自由な感じ」「親しみのある感じ」「なんでも言える感じ」「自分の考え、気持ちがわかってもらえる（他者を無視したり、自分が無視されていない）」といった受容的で理解的な態度に関する項目の得点が高くなっていく。

中盤では、「前向きの感じ（相互に啓発しあい、意欲的である）」「協同的である（他者への気遣いがある。自分が役に立っているという感じを互いにもっている）」「自己責任感がある（自分の態度や行為に関して振り返り、自分の責任を果たしたいと互いに感じている）」といった仲間意識をベースにした相互啓発に関する項目の得点が高くなる。

ワークショップの終盤では、自・他を尊重するという態度や自・他の存在が互いに価値ある存在として認識されるようになる。つまり「人間的に成長できるという感じ（他者から学ぶことが多いと感じ、自分が高まっていくという感じを相互にもっている）」「誇らしい（自・他を尊重したいという感じで、信頼感をもてる）」である。

岩手大学の河村茂雄助教授が、『たのしい学校生活を送るためのアンケートQ—U』（図書文化）を開発した。ねらいはやる気のあるクラスをつくるために本アンケートを活用することにある。私はやる気のあるクラスをつくるには、好意的関心が子どもたち相互に生まれることが大事だと考えている。またこのアンケートは統計学的な精度がきわめて高いので、エンカウンター実践の効果測定に有効である。

私は前述した一九八九年の研究を踏まえて、勤務校のホームルームで使えるように、一〇項目構成の「私たちのホームルームのダイヤグラム」をアレンジした。これも手軽にできて、かつ面白い（篠塚信・片野智治『実践サイコエジュケーション　心を育てる進路学習の実際』図書文化　一九九九年）。

私たちの研究の結果を追試するものがその後も出てきている。小・中・高校の教師による実践研究である。中学校教師の川端久詩さんは、エンカウンターを実践すると、孤独感が減る傾向が見いだされたと報告している（「共に生き、共に育つ教育相談のあり方を考える：人間関係を育てる予防・開発的教育相談について」一九九九年）。すなわち「私は一人ぼっち」「人はあまり信用しないほうがいい」「友達関係は気をつかうので疲れる」といった項目の得点が減るのである。これは好意的関心が相互に生まれるからだと解釈できる。

ではどうしてこのような人間関係がクラスの中に生まれるのか。理由はエンカウンターは自己開示を介したリレーションづくりをめざす（國分）からである。自己開示とフィードバック（自己開示のキャッチボール）がすすむと、お互いがどんな人間かがわかってくる。「彼も人なり、われも人なり」で親近感がわいてくる。同時に相手が自分をどうみているか感じているかがわかるので、身の処し方もわかるというものである。互いに自由になれる関係（例えば防衛したり、見栄をはったりしないですむ）がコミュニケーションを促進することは周知のことである。気持ちが通じてよかった、気持ちをわかってもらえて嬉しかった、もっと話したいというぐあいにである。

ここで強調しておきたいことがある。自分の先入観や固定観念、評価の枠組みを一時的に脇において、相手の内的世界を相手の目でみようとすると、私たちの対人態度は身元調べや非行の原因追求型の関心・態度から好意的な関心・態度に変化するのである。

みんながうまく組み合わさる

北区立王子小学校（石原ルミコ前校長）の渡邉康子さんは自分のクラスにエンカウン

ターを実施している。彼女は学級のあたたかい人間関係をつくるビデオ『こころを育てるカウンセリング：構成的グループエンカウンター　小学校実践編第三巻』（企画・製作・著作：テレマック、販売：図書文化）を作る際にもエンカウンターを試みてくださった。そのときのエクササイズは「クリスマスツリー」「共同絵画」であった。三年生のある女子が感想をこう述べた。「やって楽しかった。する前はちょっと心配だった。やってみると、クラスのみんながうまく組み合わさってよかった」。

「みんながうまく組み合わさる」という表現が、私にとっては新鮮だった。エンカウンターを実施した場合、クラスに何が起こってくるか、これを考えるとき、彼女の指摘は興味深い。「みんながうまく組み合わさる」とは、ワンネス（oneness）とウイネス（weness）が一体化したときのクラスの状態のことである。ワンネスについては前項でふれたので割愛し、ウイネスについて詳述したい。

ウイネス――損得勘定のない仲間意識

例をあげる。私の勤務している高校のある担任のクラスでは、「先生、黒板拭きは俺にさせてください。やりたいんです」「毎日のクラスの出席者・欠席者の数字の記入（職員室前の掲示板に記入）は私が担当します」「このクラスの放課後の消灯係は、私が責任をもちます」といったぐあいに、次々に諸係が決まってしまったという。クラスの子ども各自が「このクラスのために、私のできることを何かしたい」といった気持ちになっていたというのである。

また私が事務局をしている國分カウンセリング研究会は、例会を隔月で実施している。数十分前に会場に到着して、受付の準備や会場設営を始めようとすると、周囲の参加者がすぐ協力してくれる。例会終了後の会場を復元するときも同様である。参加者はこの研究会に対する所属感が強く、会のために何か手助けしたいという意思がある。こういう気持ちに支えられて、私は事務局を続けることができている。

このように、ウイネスとは損得勘定のない仲間意識（われわれ意識）のことである。ワンネスとこれが一体化すると、人間が生まれながらにもっている愛情欲求や承認欲求、そして帰属欲求が満たされることになる。すなわち「心の居場所」ができるわけである。この状態のことを小学生のある女子が、「みんなが組み合わさる」という表現をしたのである。

立ち止まって確かめる

さて、このように「みんなが組み合わさる」妙味を体験すると、「味をしめる」という言い方があるように、子どもたちは教師が仕かけてくるのを楽しみに待つようになる。「先生、今度は何をやるの？」「いつやるの？」ということになる。こうなったらしめたものである。エンカウンターに対するモチベーションが高いということである。教師のほうもやりやすくなる。

しかし、ここでリーダーは立ち止まらねばならぬ。立ち止まって、もう一度ほんとうにみんなが組み合わさっているかどうかを観察したり、感想文を書かせるなどして確かめる必要がある。このように述べると、水をさすようことを言うなと読者や実践者からおしかりを受けるかもしれない。慎重になりすぎるとの指摘があるかもしれない。

エンカウンターに対するモチベーションが高くなり、教師のほうもやりやすくなったりしても、全員のモチベーションが高いわけではない。全員がエンカウンターをする教師に対して一様になびいているわけでもない。気の弱い子や引っ込み思案の子は、周りから同化を強いられてのり気でない自分を表現できない場合が時としてある。ここを留意するに越したことはない。

みんなの前での自己表現が楽しくなる

私は人間は生まれながらにして、自己表現欲求をもっていると考えている。表現方法や手段は違うにしても（絵画、作曲、歌唱、小説といったふうに）、基本的には自己表現欲求をもっていると思う。自己保存のためには自己表現が不可欠だからである。

ところが「私は二〜三人の親しい友達と話すのはいいが、いろいろな人と話すのは嫌です」「グループの中で話すのは嫌いだ」と訴える子どもがいる。こういう子どもはしばしば「なんでこんなエクササイズをするのか」「なんでこの時間にこういうものをするのか」と、やや反抗的なもの言いになる。

ではこのような子どもは自己表現欲求が乏しいのか。そういうわけではない。彼らは自分のことを話したり語ったりすることが嫌いなわけではない。躊躇しているのである。

例えば以前にみんなの前で自己表現したときに、何を話したらいいのかその場面にフィットした話題が見つからなかったり、話したいことがまとまらなかったり、スムースに話せなかったりした経験をもっていると、人前で話すことが億劫になる。また自分の出した意見を一蹴されるとか無視されるとか、強く反論されやりこめられるとか、こういった経験をもっていると、今後はグループなんかでは絶対に話すものかという気持ちになってしまうものである。

そこで、エンカウンターを展開する際には、次のようなルールをあらかじめ設定しておく。設定する意図は、一方で現実原則を体験学習させるためである。①ホンネを言うという美名のもとに、相手を傷つけたり不快にさせたりするようなことはしない。②言葉尻をつかまえない。③相手の言ったことに対して、善悪判断をして決めつけたり、とがめたりしない。④相手が話す時間を奪わない。⑤沈黙の自由を奪わない。⑥よそで話の内容などをもらさない。リーダーにもいえることは、自己開示を促す指導のもとに、無理矢理開示させないということである。無理に開示させると、「言いたくなかったのに言わされた」と子どもの不信をかうことになり、子ども自身も後悔する。

エンカウンターは人間関係の親密度にあった自己開示なり自己表現を、支障のない範囲で求める。ゆえに教師はデモンストレーションする。教師のデモを子どもがモデリングするといった按配がよい。また教師はエクササイズの内容を考慮しながら、絵で表現させる、非言語でいくとか、何かにたとえさせるなど表現の方法を工夫する。

少し横道にそれるけれども、こんなアンケートのとり方があった。「社長にとって、野球の役割でいうと、どんな役割をとってくれる人が理想の社員か」（ＮＨＫ「新・クイズ日本人の質問」）。理想の社員はキャッチャーの役割をとれる人だそうである。キャッチャーは自分のことをしながらも、上手に他をまとめてくれてホームベースを守ってくれるという理由で、第一位であった。エンカウンターの無理のない自己開示が子どもたちの自己表現欲求を増幅すると言いたいのである。

3 教師自身に何が起こり始めるか

私個人にとってエンカウンター体験はどんな意味があるのか。私の師匠國分康孝の場合は「若年寄りパターンから脱皮して、若々しくなった」（第六章第二節）という。

現在の私は人間関係が苦にならなくなった。エンカウンターは出会いと別れの楽しみを私に与えてくれる。かっての私は関係づくりのきっかけをつかむのが下手で、せっかくつかんだきっかけを生かせなかった。いい格好しいの他者のまなざしが気になるといった自意識過剰の私だった。けっこう感情的な私は、それを表出するのを嫌っていたようだった。

次に、論理性と適度な支配性を要求されるエンカウンターリーダーは、私のパーソナリティにフィットしていると思う。ゆえに、論理性（理論）と実証性（リサーチ）を踏まえたエンカウンターの実践と普及が私のライフワークと考えている。カウンセリングの理論の妙味を体験的に学習させてくださったのが師匠だった。國分康孝・久子両教授は、かつてエンカウンターに関する実践研究発表を五〇余件も行っている。こういう側面も私は模倣の対象にしている。

私個人にとってのエンカウンターの第三の意味は、教育分析の一面をもつエンカウンターが、「自分」というものに興味をもっている私にとっては、自己理解の誘発剤になっているということである。人間は自分の顔の実像を一生見ることはない。周囲の人は実像を見ているので、自己理解には他者のフィードバックが欠かせない。私が講師をしたエンカウンターの受講者から、リーダーぶりについて私は二年間評価してもらったことがある。苦戦の連続だったが、良薬になったといまでも考えている。

さて本節の主たるねらいは、エンカウンターを実践しているリーダーにとって、エンカウンターはどのような意味があるかについて述べるところにある。

「みんな違ってみんないい」と受容できる

「みんな違ってみんないい」というエクササイズ（『エンカウンターで学級が変わる中学校編Ｐａｒｔ２』図書文化）がある。作成者は中学校教師の大関健道さんである。彼は人権教育の素材としてこのエクササイズを作成した。これの意義は「自分の中にあるステレオタイプな偏見に気づき、それぞれの個性や価値観を受容する」ところにある。主人公はいびつなジャガイモである。

エンカウンターはホンネとホンネの交流をねらっているので、ホンネの原理というものがある。それは自分のホンネに気づく、ホンネを表現・主張する、他者のホンネを受け入れる（國分）というものである。メンバー間に共感的理解（ワンネス）がすすむと、その人に対して好意の念が強まるので、この原理は作動する。すなわちワンネスがすすむにつれて、相互のキャパシティ（許容量）が自然に増えるのである。ゆえにリーダーが自身でエンカウンター体験していると、「みんな違ってみんないい」を体現できる。私は「グループを画一化してはならない」（國分）というリーダーに対する戒めも同じ脈絡でとらえている。

教師の教育観や指導観もさることながら、目の前の子どもはみんな違う。人格の尊厳性という概念は人間の本質を表現する言葉であり、人間の実存を把握し具象性を表現する言葉としては「みんな違ってみんないい」がうってつけである。ゆえに「みんな違ってみんないい」を教師が身をもって示すことは、子どもたちが自分らしさや個性、内的世界の固有性について意識したり考えたりする原動力になる。

教師間で個々の子どもについて話すとき、「あの子はちょっと変わった子でして……」といった言い方をするのを聞くことがよくある。もちろんその言葉の裏にはネガティブな意味がある。教師がエンカウンター体験をしていると、その変わった側面をポジティブな意味で受容できるようになる。

聞く耳をもてるようになる

ワンネス（共感的理解）がすすむにつれてキャパシティー（許容量）が増えると前述した。このことは、教師の行動でいえば「聞く耳をもてるようになる」ということである。すなわち教師が子どもたちに対して「一方的に押しつけなくなる」「一方的に決めつけなくなる」のである。

例をあげよう。「泥棒にも三分の理」ということわざがある。「おまえは万引きをしたんだ。おまえのしたことは言語道断だよ。弁解するなんて素直じゃないし、見苦しいぞ。素直に自分のしたことを反省しなさいよ。お涙ちょうだい式の言いわけはよくないよ。言いわけをいちいち聞いていたら、全体の規律が崩れてしまうんだからね」といった指導場面によく遭遇する。

この教師の指導法にも一理あると私は弁護はする。しかし『はぐれ刑事純情派』の安浦さんはこのような言い方はしない。「万引きをするのはよくないとわかっていてしたんだから、何かのっぴきならないわけでもあったんじゃないのか。よかったら、それを話してみろよ」と安浦さんは言う。『鬼平犯科帳』の火付盗賊改長官長谷川平三だとこう言う。「人間なんてものはよ、弱いものよ。なあ、とっつあん。魔が差したということもあらーな。悪いとわかっていていてしたんだから、そこにはのっぴきならぬわけがあったんじゃねえのかい。どうだい、一杯飲みながら話してみな」と。私などはスネに多くの傷をもつ身であるから、安浦さんとか鬼平さんには弱い。

「武士の情け」とは「枠組みの中の情」（國分）のことであると指摘されている。それは現実原則を忘れはせずに、人間信頼から生まれた一抹の情のことであると、私は考えている。頭から悪いことは悪いと決めつけるのではなく、「聞く耳をもてる」人のなせるわざだと考える。

では、エンカウンター体験はなぜ「聞く耳をもてる」教師を育てるのか。

人の人生はいろいろである。一生うだつのあがらなかった人生、一生涙なみだの人生、エリートの人生、七転び八起きの人生、といったぐあいに十人いれば十人の人生がある。

他人様の人生を垣間みるときに、「一笑にふすな」と師匠は戒めている。この戒めは人間信頼と人間好きの人生哲学から生まれたものであると、私は受けとめている。エンカウンターはこのような人生哲学を体験する貴重な場でもある。

子どもたちから好かれるようになる

私はエンカウンター体験をしたリーダー・教師は、子どもたちから「一人の生身の人間」として好かれるという仮説をもっている。エンカウンター体験は対人魅力をつけるのによい体験であると考えている。これを実証するデータを私は持ち合わせていないが、理論的な妥当性はあると考えられる。

対人魅力とは他者を魅きつける力のことである。これに関する研究は、社会心理学では古くから行われている。これまでの研究を概観していえることとは、対人魅力の要素としては、「誠実で正直」「やさしくて理解がある」「気さくでユーモアがある」といったものが上位にあがってきている。相手が子どもたちである場合は「不公平な接し方をしない」「よくほめてくれる」といった要素も入ってくる。これらを要約すると、親密な人間関係づくりの上手な人ということになる。社交上手という意味とは少しばかりニュアンスが違っている。

親密な人間関係づくりの上手な人になるにはどうすればいいか。それはエンカウンター体験を自らすることである。人とふれあう体験（ホンネとホンネの交流、感情交流）、人を受け入れるという体験、受容された体験などをしておくと、子どもの感情や立ち居振る舞い（反応）に対して敏感になれる。エンカウンター体験をしていると、一人一人の子どもがよく見えてくるし、聞く耳をもてるようになるので、目配り・気配り・心配りが行き届くようになる。

子どもたちに教師が好かれることとは、その教師が子どもたちのモデルとなることを意味する。子どもたちはその教師を摂取したり同一視する。このことは教師の言葉が彼らの胸に響き、指導しやすくなることを意味する。

心の富者は時空を超える

私はなぜエンカウンターにコミットしているのか。

子どもたちが学校という社会で生きていく日々で、だれもが一時的に遭遇する主たる問題は、進路のこと、勉強のこと、友達のことである（問題の御三家）。私はこの三つの問題（発達課題）に取り組むのに、エンカウンターはきわめて適していると考えている。なぜか。

これらの問題は子どもたちが集団を介して問題解決に向かうほうが、教師と子どもの一対一の面接・面談、心理療法をアレンジしたスクールカウンセリングよりも、いっそう発展的な問題解決ができるからである。そのためには子どもたちの集団そのものが教育力をもたねばならぬ。教育力のある集団とは、多様な（ワンパターンではない）反応のできる心の富者から構成される集団のことである。

では心の富者からなる集団だと、どうして発展的な問題解決ができるのか。

前述の三つの問題は正解は一つではない。子どもたち一人一人にとって、正解はみな違うので、一人一人が自分なりの正解を見いださねばならない。この正解はみんなと同じ（類似した）部分があり、かつみんなと違う（固有な）部分があるという特徴をもっている。またある時点で一度正解を見いだしてしまえば、それでことはすむというわけにはいかない正解なのである（特に進路の問題はそうである）。ゆえに、類似性と固有性をもち、かつその時その時という一過性とその後までもずっと続くという連続性を同時にもつ正解は、多様な反応のできる心の富者でないと見いだせない。

心の富者は時空を超える。

第6章

エンカウンターの求める人間像とは

——勇気をもった自由人

國分康孝

構成的グループエンカウンター（以下エンカウンター）とは、①「心のふれあい」と、②「自己発見の体験学習」をねらいとした「育てるカウンセリング」の一方法である。

では、①「心のふれあい」と、②「自己発見を体験学習した人」に命名するとどうなるか。「自由人」となる。しかし、「自由人」という言葉は、「生きる力」という標語と同じように抽象的すぎる。そこでエンカウンターは、自由人とはどんなものかを自ら具体的に体験せよ、すなわち冷暖は自知せよと提言するものである。

そこで本章では、エンカウンターのいう自由人とはどういうものかを語った後、自由人になるためのプリンシプルと方法を、エンカウンターではどう考えているかを述べようと思う。

1 「自由人」——エンカウンターの求める人間像

私が、自由人という概念をエンカウンターに導入したいのは、ニイルとフロムに示唆されてのことである。ニイル（1883-1973）とは、サマーヒル学園という自由主義教育の学校をつくったイギリス人である。「人の迷惑にならないかぎり、自分のありたいようなあり方のできる自由な子ども」を育成する学校を経営した人物である。日本でこのニイルの思想を学校経営に生かしているのが、「きのくに子どもの村学園」（校長：堀真一郎・学術博士・元大阪市立大学教授）である。

自由な子どもを育てるのにサマーヒル学園は二つのプリンシプルを立てた。すなわち、リバティとフリーダム（Liberty & Freedom）である。この二つの体験を主軸とする教育をニイルは実践した。

ニイルとフロムの教えを具現化したエンカウンター

リバティとは行動の自由である（例：授業への出欠自由）。フリーダムとは心の中のこだわり、偏りからの自由である（例：「ねばならぬ」からの開放、コンプレックスからの開放）。この二つの自由の体験が、サマーヒル学園のプリンシプルである。これに示唆された國分は、エンカウンターではこのプリンシプルを五～一〇分の短時間、あるいは授業の一コマ、あるいは一泊二日、三泊四日の合宿などで展開できると考えた。そして、このプリンシプルの実現方法を、精神分析だけでなく、ゲシュタルト療法、行動療法、論理療法、交流分析、実存分析的アプローチなどにも求めている。

フロム（1900-1980）から私の受けた示唆はこうである。「カウンセラーや心理療法家は、アーティストに学べ」とフロムはいう。アーティストは不思善悪（善悪にとらわれない自由さの意）の人たちである、カウンセラーや心理療法家が不思善悪の姿勢でいどむからクライエントは安心して（非審判的・許容的雰囲気を感じて）自己開示できるのである、と。

エンカウンターの世界では「文化的孤島」という言葉がある。エンカウンターグループは文化（善悪の基準）に縛られない自由が保証されている空間であるとの意味である。日本で私が提唱しているエンカウンターとは、以上二人の先達（ニイルとフロム）の教えを具現化する方法の提示ということになる。

すなわち、一九七〇年代前半から私が実践しはじめたエンカウンターは、一九五〇年代に私が霜田静志から教わったニイルの教育思想と、一九六〇年代にアメリカ留学中にふれたフロムの社会哲学が、私が専攻したカウンセリング心理学（グループアプローチを含む）を介して結実した教育方法（育てるカウンセリング）であると、私は言いたいのである。本稿執筆時のいま、私は六十九歳になっても、まだエンカウンターの合宿研修に二泊三日のフルコースでつきあっている。それほどに思い入れが強いのは、二十代から三十代にかけてのニイル、霜田、フロムを介しての人間育成への思いが、結実したエンカウンターだからである。

この私の思い入れを引き継いでいる、次の世代の人々がエンカウンターネットワークを全国にはりめぐらせている（電話：〇三・三九四三・二五一六　ファックス：〇三・三九四七・五七八八　図書文化：東則孝・渡辺佐恵）。

エンカウンターの構成――目標と方法

では、ニイルとフロムに示唆を受けて國分康孝は、どのようにエンカウンターを構成しているのか。目標と方法という二つの観点から説明したい。

ニイルとフロムから示唆を受けた國分の自由人の定義は「役割から抜け出した一人の人間として、ありたいようなあり方をする勇気をもった人間」である。すなわち、教師とかカウンセラーという役割に、人が寄せる期待に縛られず、役割から抜け出した、私人としての自分になるべく正直に生きている人である。役割関係（social relation）に忠実になりすぎると、プロフェッショナリズムに堕ちてしまう。人情味のない紋切型のカウンセラーや教師になってしまう。そこで役割に縛られない感情交流（personal relation）のもてる人間が、いわゆる人間味のあるカウンセラーや教師である。

例えば、こうである。私は助教授をしていた三十代のある日、学生課長兼務を命じられたので、学生課員に集まってもらってあいさつをした。そのとき「先生はクビを覚悟でやってくれるか。そうでないと、われわれは先生についていくわけにはいかない」と課員の一人に迫られた。これに対して、「ぼくは、妻の了承をとってからでないと答えられない。ぼく一人では決められない問題だからだ」と答えた。これはきわめてパーソナルな自分になりきった瞬間である。学生課長という役割に縛られていたら、もっと防衛的な応答をしたと思う。

もう一つあげたい例がある。山本五十六（連合艦隊司令長官）は彼の出陣を見送りに来た昔のガールフレンドが、駅から波止場まで歩けないほどの疲労状態だったので、おんぶして歩いたそうである。長官が女性をおんぶするのは、きわめてパーソナルである。長官という役割から抜け出す自由（勇気）を山本はもっていた。私はそう解釈したい。

それゆえ、エンカウンターのペンネームづくりのエクササイズは肩書に縛られず、安心して自分自身になりきれるようにする方法である。何ものにもとらわれない自分——パーソナルな自分——になれる。これがエンカウンターの求める人物像である。

ところが、ここで留意点が一つある。自由人とか、役割に縛られないパーソナルな自分という美名のもとに、わがまま者を育成するエンカウンターになる恐れである。そこで、ナーシシズムの強い自由人にならないためには、現実原則を意識できるように条件を設定したほうがよい。

それゆえ、エンカウンターでは次の三つの枠を与えている。

1．全員に役割を与える

2．ルール（例：守秘義務、時間厳守）を設定する

3．エクササイズに条件をつける（グルーピング、時間、トピック）

つまり、放縦にならないエンカウンターにするため、リーダーはヨットの艇長のよう

に、指示することをためらわないのである。ただし、権威主義にならないように留意する必要がある。エンカウンターではロジャーズ式のベーシックエンカウンターグループとは異なり、リーダーが指示・介入をためらわないので、エンカウンターは権威主義だと誤解する人がいる。しかし、まったくそうではない。

権威主義とは

権威主義とは自分の考えに間違いはないとのビリーフの持ち主をいう。威張っているかどうかはさしたる問題ではない。おとなしい人でも「ねえ、そうでしょ」「そう思いませんか」と無理矢理に人に「そうですよね」と賛意を強いる人がいる。これが権威主義者である。みかけはこわそうでも意外に意見の押しつけのない人がいる。「なるほど、君はそう考えるのか」とは応ずるが、それはだめだとは言わない寛容な人がいる。つまり、もの腰が柔らかいかどうかで権威主義者かどうかを判断できない。そこでこうなる。エンカウンターのリーダーは、自分の考えは自分の人生を律するためのものである。しかし、人に向かって「あなたも、私の考えをプリンシプルにして生きるべきだ」というビリーフをもたないことである。エンカウンターでは、私人としての自分を開示するのが公認されている。それゆえ、リーダーは自分の考えを述べる自由（権利）はある。大事なことは「私の解釈では……」「私の考えは……」「私の印象では、さしたる理論的根拠はないのだが……」「私の経験では……」という表現法を、自由人のあかしのつもりで身につけることである。

一方、エクササイズの指示をするとき、「五人一組になって……」「いまから、一人三分ずつ……」といったぐあいに断定的に言うのを権威主義と思う必要はない。これはエンカウンターの理論上・体験上の判断で指示しているのであって、自分の思想を押しつけているわけではない。料理の先生が「スプーン一杯の醤油を入れる」と指示するのと同じ原理である。

歯切れよく指示する人を軍隊長とか、体育系とか権威主義と評する人がいる。そういう評価には左右されないほうがよい。たしかに、カウンセリング場面では歯切れの悪い、雲をつかむような表現のほうが効果的なこともある。しかし、教育の場面で歯切れが悪いと、望ましいことやなすべきことがあいまいになり不安を生じさせるだけである。

私情の中の毅然さ——あるがままの自分になりきる勇気

以上の論述を要約すれば、「エンカウンターのリーダーたらんとする人間は、あるがままの自分になりきる勇気をもて」ということである。そういう人を、私は自由人と称する。

そうなると、役割を放棄したわがまま者礼讃思想に走らないか。これはありうることである。子どもを車中に置き去りにして、親がパチンコに興じている図がそれである。前述したように、エンカウンターでは全員に役割を与えたり、集団生活のルールを定めたりする。これが人間教育に役立つのである。すなわち、武士の情けとは枠の中の自己開示のことである。組織の中のヒューマニティのことである。生きる淋しさとはそのことである。

役割には、人がある種の期待を寄せるから（例：教師は離婚すべきではないとか、生徒は従順であらねばならないとか）その期待に縛られてありきたりの人生（可もなく不可もなし、申し分ない人、ぶりっこ、模範社員）しか歩めなくなる。エンカウンターの求める人間像は、役割・期待の中にあっても自分のホンネを見失わず、可能なかぎり自分のありたいようなあり方をしようと意識している人間である。人間味のある人とはそのことである。

ただし、役割になりきることが――私情を越えることが――自由人のあかしということもある。ベルリンの壁がくずれて、東ドイツの人々が西ドイツになだれこんできたとき、東ドイツにとどまった人がいた。ある病院の医師・ナースであった。われわれは患者と共にとどまらねばならぬ職業である、と。これはパーソナル（私人）としての選択というより、プロフェッショナル（職業人）としての選択である。

エンカウンターではパーソナルな自分の発見と実現を第一義に考えるが、社会的存在としての自分の発見と実現を優先させる超自我志向の選択も期待している。パーソナルになるということは、超自我志向の自分になりきることも含むが、それをエンカウンターがあまり強調しないのは、メンバーをタテマエ主義に走らせたくないからである。リーダーはリーダーの役割を守らねばならぬので、超自我志向（やせ我慢）の選択をする頻度数がメンバーよりは多くなる。要するにパーソナルになるということは、エス志向

（ＦＣ志向）だけではない。超自我志向、自我志向も含むと言いたいのである。それゆえ、エンカウンターのリーダーは治療者よりも教育者の機能のほうが強いのである。

さて、ここで本節のまとめに入る。

本節では、エンカウンターの求める人間像は自由人であると述べた。ではこの自由人を、エンカウンターはどのようにして育成しようというのか。

Courage to be になるために——模倣・洞察・試行錯誤

大人集団のエンカウンターで見聞する現象は、愛想のよい人、しっかりした人、頼もしそうな人にかぎって、落ち込むことが多いことである。エンカウンターが防衛機制を緩和するので、それまで抑圧・抑制されていたものが吹き出してくるからではないか。吹き出してきた感情を自力では始末できない。私はそう解釈している。

しかし、一度はこういう状況を体験したほうがよい。あるがままの自分に気づいたのが機縁で、新しい生き方のプリンシプルが定めやすくなるからである。つまり、自己不一致の自分を発見することによって、自己一致の自分になろうという思いが募るからである。

この新しい生き方のプリンシプルを、多くのメンバーの言動から集約すれば、次のような句になる。Courage to be（ありたいようなあり方をせよ）、To be yourself（泣きたいときは泣ける人間になれ）、To be cured is to be yourself（心が癒されるには居直ることである）。

つまり、こうである。ありたいようなあり方ができない（自己不一致）のは、「人が私のことをどう評するだろうか」という失愛恐怖があるからである。それゆえ、「千万人といえども我行かん」という気概がわいてくること、これをCourage to beという。

ではCourage to beの人間になるために、エンカウンターはどうするか。インストラクション、エクササイズ、リーダーの介入、シェアリングというエンカウンターの四つの学習場面に次の三つの機能を働かせるのである。

1．**模倣**——仲間やリーダーの思考・行動・感情を模倣して、自分だけのフレイムに固執しなくなる。そのためには生活歴がさまざまなメンバーでグループをつくったほうが模倣のチャンスは増える。同質集団より異質集団のほうが効果的のように思われる。

リーダーのことあるごとの自己開示もメンバーの思考・行動・感情の模倣の対象になることが多い。

2. **洞察**――エンカウンターでの洞察は精神分析のそれとは異なり、幼少期の体験と現在の行動パターンとの因果関係への洞察は含まない。エンカウンターでの洞察は、①現在の行動のパターン（例：泣きたいときに笑う。嫌なときにイエスと言ってしまう）、②「いまここで」の感情・思考への気づき（例：発言したくてもできない自分に腹が立っている、人が発言するのだから自分も発言しなければならないと考えている）の二つになる。

この二つの洞察がいたるところで起こりうるように、手をかえ品をかえしてプログラムを展開しているのである。すなわち、エクササイズの内容と順序、グループサイズやグルーピング、介入の度合いやインストラクションの内容を、また、作業中や休憩中に流す音楽や、係活動や親睦会などを意図的に構成する。これがエンカウンターである。

3．**試行錯誤**――ある程度の言動を強制したほうが思考・行動・感情の修正への意欲が高まる。例えば、ペンネームカードを首からさげたまま、食堂に行くのはは ずかしがるメンバーが多い。ところが、数回これを体験しているうちに、「人はそれほど私個人に関心がない」というビリーフ（思考）になってくる。その結果、はずかしさ（感情）が消滅する。同じことが対異性・対年長者との人間関係にこだわりのある人についてもいえる。体験を通して（現実場面脱感作法）思考・行動・感情が変容する。これが試行錯誤である。試行錯誤のエンカウンターのためには、論理療法、交流分析が役に立つ。

ただし試行錯誤の最中に、フラストレーションやストレスに耐えられず、落ち込むメンバーが出てくることもある。それゆえそういう場合には、個別的にケアをする係（カウンセラー）をスタッフに加えておくことが望ましい。学級の場合は、リーダーが個別的ケアもしなければならないので、なるべく挫折感を与えないエクササイズを計画する知恵が必要である。

2 エンカウンターリーダーの心意気

本書のあちこちで、私の教え子たちがそれぞれのリーダー像を語っている。そのことを百も承知で「ぼくにもひとこと言わせてほしい」と私は本節で割り込むことにした。それほどにエンカウンターにおいては、リーダーの役割は大事なのである。

戦後の教育界では民主的という美名のもとに「教師は生徒の自己決定に口出しすべきではない」というビリーフが支配した。それに輪をかけたのがロジャーズの来談者中心療法の思想であった。この思想は子どもに現実原則と対峙するという体験を奪ったように、私には思われる。

すなわち、子どもまかせの教育、子どもを若殿扱いする教育では、教師が現実原則の代表者たりえなかった。また、人生への対処法（生き方）の提示をためらわせる風土があった。その結果子どもは烏合の衆になる。この子が、やがて一児の親となった。さてその子が学齢期になり、子どもの席がえがあった夕方担任に電話していわく「うちの花子は太郎ちゃんとは仲が悪いから、席を離してくれ」と。しかしながら、嫌な人間とも人生の一コマを共有せざるを得ないこともあるという人生の事実に、子どもながらに対応させるのが教育である。私はそう思っている。

それゆえに、エンカウンターのリーダーには勇を鼓して「右向け、左向け」と指示する勇気と見識が必要なのである。換言すれば、エンカウンターのリーダーはKing of Kingsをもじっていえば、Teacher of Teachersであるとの心意気をもってほしいと願っている。

このような心意気を育てるためにリーダーはどのように自己研鑽をすればよいのか。そのポイントが三つある。それを語るのが本節のねらいである。

リーダーとファシリテーター

教師でも、上司でも、親でも、漫才師と同じである。客にうけるかどうかを気にする傾向がある。客うけしないと漫才師は収入が減るから困る。教師は客うけしないと、児童生徒・保護者が協力してくれないから困る。また客にもてると、ナーシシズムが満たされるので、気分的にも快適である。それゆえ、実利的にも気分的にも、客うけしたいと願うのが人情である。

しかし、この人情に流されてはならないのが、教師やカウンセラーなど援助的職業についているものの宿命である。つまり、援助的職業では自分の利益（例：収入、ナーシシズムの満足）をクライエントのそれよりも優先してはならないという倫理がある。人に嫌われることを百も承知で、言うべきことを言い、なすべきことをなす、というのがプロフェッショナルの心意気である。

ベーシックエンカウンターのリーダーの中には「自分たちはファシリテーター（促進者）であってリーダー（指導者）ではない。ファシリテーターはメンバーと同じである」という人がいる。ここがエンカウンターとの違いである。

エンカウンターではリーダーと称し、ファシリテーターとは言わない。

ファシリテーターとリーダーの差は、①能動性の強弱、②教育者というアイデンティティの強弱、③背景となる理論の多様性（折衷性）の強弱にあると思われる。

自分はメンバーと同格の世話人であるというビリーフと、自分はメンバーに責任をもっているリーダーであるというビリーフとでは立ち居振る舞いに差が出てくる。すなわち、エンカウンターのリーダーは超自我機能を果たさねばならない。それゆえ、右顧左眄を許容しつつも（様子をうかがいながらも）リーダーとしてのプリンシプルを守る気概「己を恃むにしかずという肚づもり」が必要である。

失愛恐怖の克服

エンカウンターのメンバーとしては、リーダーに対して、心の中ではメンバーの超自我になってほしいとの願望がある。それに応えるためにはリーダーとしては仮にメンバーの不評をかってでも「もてない孤独」に耐える能力を養うことである。孤独に耐える能力はどうすれば養われるか。「孤独は思ったより耐えられるものである」ということを体感することである。そのためにはどうすればよいか。

グループに向かって、「私はいま……で困っている」「気分がややひるんでいる」「心おだやかではない」と自己開示し、グループの助けを求めることである。自分の問題は自力で解かねばならないというイラショナルビリーフにとらわれないほうがよい。なにごともなかったような涼しい顔をしていると、エンカウンターではなく、裏面交流を教えているようなものである。

失愛恐怖から脱するもう一つの方法は、パーソナリティと行動（スキル）とは別であると考えることである。リーダーとしての立ち居振る舞いが不適切だったので、メンバーは抵抗を起こしているが、だからといって私の人格がダメというわけではない。私のリーダー修業をつめばよいのだ、と自分に言い聞かせることである。

もてるもてないはたいした問題ではない、と言っているわけではない。もてたい一心で迎合しないほうがよいという意味である。迎合しないで客うけするのがよい。客うけするほうがよいという意味は、教育でも商売でも客（クライエント）とのリレーションが不可欠だからである。自ら孤高を求めるようではエンカウンターのリーダーはつとまらない。

では、客に合わせずに客うけするにはどうするか。リーダーが自己開示のモデルになることである。メンバーは自己開示のある人間関係を求めているのだから、「なるほど、これがふれあいのある人間関係なんだ」とわかる瞬間には心はずむものがある。心はずませてくれるリーダーにはメンバーがひきつけられる。

ところが、もてたい一心で意図的に自己開示するリーダーが出現しないともかぎらない。自己顕示欲の強いリーダーがそれである。これはメンバーの失笑をかうだけである。自慢話はエンカウンターではない。エンカウンターとは、「私の内的世界を共有してくれませんか」という申し入れである。自慢話には「私にストロークをください」との物乞い精神がある。自慢話を喜んで聞いてくれるのは、自分の父と母だけだと思っておくほうがよい。

親切心（老婆心）をもつ

エンカウンターのリーダーには老婆心が必要である。グループが人を育てるのだから、リーダーは裏方に徹すればよいと考える人もいる。しかし、私には違う考えがある。リーダーはメンバーのモデルであるから、よく見える位置にいたほうがよい。裏に隠れていないほうがよい。では、表に現れることによって何のモデルをつとめるのか。抽象的に言えば、自己開示であるが、具体的に言えば、テンダーネス（やさしさ）のモデルである。激しいやりとりがエンカウンターだと思っている人もいるが、激しいやりとりはコンフロンテーション（対決）といって、エンカウンターの一部ではあるが、メインではない。私はエンカウンターのメインはシェアリング（思考・感情・行動の共有）だと言いたい。

テンダーネスのモデルたれとは、シェアリングのつもりで、メンバーにかかわっていけという意味である。俗にいう親切心（老婆心）のことである。

例えば、セッションが始まってから遅参者が入室してきた。何らかの事情があってのことだろう。部外者（遅参者）が既成のグループから拒否されないように、どうすればすんなり参加できるだろうかとリーダーは考えるわけである。けっして事務的に「ハイ、そこのグループに入りなさい」とは言わない。「話の途中、ちょっと悪いんだが、いま○○さんが来たので入れてやってくれないか」と仲介の労くらいとるのが老婆心である。

だれかが語っているとき、後のほうで手を耳にかざしているメンバーがいるとする。聞こえないらしいと判断して、冷房の音を小さくするとか、窓を閉めるとか、マイクを渡すとか、気を利かすのが老婆心である。おとなしいメンバーが清水の舞台から飛びおりる心境で発言したんだろうなぁと思ったときは、「〇〇君のあれが、自己開示の勇気というやつなんだ」とみんなの前でほめるのが老婆心である。

老婆心の育て方

老婆心とは交流分析風にいうとP（親心）である。Pがそばにいるからメンバーは安心してC（子ども心）が出せるのである。Pがいないとは、自分を守ってくれる人がいないということである。つまり、メンバーは自分で自分を守らねばならないので、慎重になる。つまり、A（大人心）志向になる。

ただし、リーダーのP（老婆心）を模倣して育ったメンバー同士が、やがてリーダーレスグループをつくった場合（例：セルプヘルプグループやサポートグループ）、メンバー同士がPを出し合うから、エンカウンターらしい会合になる率が高い。

そういうわけで、リーダーにはPの素養が必要である。朗らかであればよい、素直であればよい、正直であればよいというものでもない。少しくらいとっつきが悪くても、少しくらいこわもてでも、少しくらいじじみであっても、Pの豊かなリーダーのほうがエンカウンターは深まるのではないか。

では、エンカウンターのリーダーが老婆心を豊かにするにはどうするか。答えは簡単である。親にしてもらったことをメンバーにして返せばよいのである。親に何をしてもらったかを思い出せない人は、内観法を用いることである。運悪く親に何もしてもらわなかった人は、母の胎内の十カ月の間の母の気持ちを追体験しながら（子どもが育つのを共有している心境）メンバーに接することである。

テンダーネスとか老婆心というキーワードで論述したが、このテーマについて私はサテイ理論を学ぶところが大であった。サテイについては拙著『心を癒すふれあいの心理学』（講談社＋α文庫）とサティ著『愛憎の起源』（黎明書房）が参考になると思う。

主義・主張をもつ

エンカウンターのリーダーはKing of Kings, Teacher of Teachersの心意気をもてと檄をとばしたが、王者の中の王者という心意気を養う第二のツボとして、主義・主張をもてと言いたい。主義・主張をもつとは、①なぜ自分はエンカウンターにコミットしているのか、②自分個人にとってエンカウンターはどういう意味があるのかについて、明確な答えをもてという意味である。

　要するに自分の人生や自分の職業生活の中でエンカウンターを位置づけておかないと「エンカウンターなしの人生はない！」とか「教育とはエンカウンターである！」といった強迫的な（狂信的）リーダーになる恐れがある。それゆえに本節のしめくくりの項に、このことを取り上げたのである。

　まず私の考え（主義・主張）を述べる。それを参考にして、全国のエンカウンターリーダーは自分の納得できる自分の考えを自力でつくってほしい。私がエンカウンターにコミットしている理由は、臨床心理学出身者でなくても、エンカウンターという育てるカウンセリングができるということを論証したいからである。一対一の面接による神経症の治療法を原型にしたスクールカウンセリングでは現今の教育問題は解けない、ということを論証したいからである。

　このような執念はどこからきているか、アメリカでカウンセリング心理学を専攻したことと、少年時代に欧米の個人主義と日本の武士道とを統合した集団教育を体験したことにある。

私が教育を受けたアメリカのカウンセリング心理学では、そのおもな支えになっている哲学がプラグマティズム、実存主義、そして論理実証主義であった。プラグマティズムでは、問題解決の足しになる知識こそ真の知識であるとの主張である。したがって心理療法めいたカウンセリングと、教師が行うエンカウンターと、どちらのほうが今日の教育問題を解くのにより役に立つかと、私は問いたいのである。

ふれあいの体験が教育の核

ところで今日の教育問題とは何か。これもエンカウンターリーダーがそれぞれ答えるべき問題である。だれの答えが正しいかは論じようもないが、私はこう考えている。ふれあいの欠如により諸問題（例：学級崩壊、いじめ、不登校、校内暴力、教師の自身喪失、教師のメンタルイルヘルス）が生じている、と。それゆえ、ふれあいの体験が教育の核になると考えている。この核に迫るには個人面接志向のカウンセリングより、集団体験志向のエンカウンターのほうが効率的、かつ効果的（efficient & effctive）ではないかと考えられる。

私がエンカウンターにコミットしているもう一つの理由として、少年時代の集団教育をあげた。この教育はいま振り返ってみると、サイコエジュケーションとエンカウンターを軸にしていた。そして、そこで私が学んだことは、リーダーの心意気であった。私には、少年時代とヤングアダルト時代のこの二つの体験が、今日の教育にもぜひ導入したいと思う動機になっている。

では、エンカウンターは私個人にとってはどういう意味があるのか。それは自己変革の意味がある。というのは、私は幼少期から三十歳代までいい子であった。師の霜田静志に「若年寄り」と評されるほどであった。エンカウンターのリーダーをつとめることは、私にとっては若年寄りパターンから脱皮することであった。

私がこんなぐあいに、エンカウンターのおかげで若々しくなったのだから、全国に若年寄りがいるかぎりエンカウンターはすたれないだろうとの思いがある。

日本の教育界になぜエンカウンターが必要か。自分個人はなぜエンカウンターに関心があるのか。この二点について、自分の答えがないままにエンカウンターを展開しても心が伴わない。エクササイズで、子どもを喜ばせているだけということになりかねない。シンプルなエクササイズの中にも深い思いがこめられるリーダーであってほしい。そのようなリーダーにはぜひ教育カウンセラーになってほしい。そう願いつつ本節を閉じる。

次節では、エンカウンターが周辺の類似の援助活動と、どこがどう違うかを明確にしたい。

3 求められるエンカウンター像

エンカウンターの参加者にはどういう人間になってほしいのか、リーダーにはどういう人間であってほしいのか。この二点をそれぞれ前節で説明した。では、メンバーやリーダーに、このような期待を寄せているエンカウンターそのものは、どういう特質を有するものか。それをエンカウンター以外のグループアプローチと比較して論じておきたい。

ところで、エンカウンター以外のグループアプローチとは宗教、教育、心理療法のことである。

宗教とエンカウンターの相違

宗教の中でもカルト集団といわれるものがある。集団自殺や脱会者へのリンチなどが行われる宗教集団と、エンカウンターが似ているのではないかと、心ひそかに危惧する人がいる。それは両方とも集団内の凝集性（リレーション）を高めることに関心があるからである。その結果、集団が個を殺すのではないかと危惧する人がいる。さて、両者の違いを私は以下のように考える。

① インフォームドコンセントの有無

まず、第一には、インフォームドコンセントの有無である。

参加者の権利（例：入会・脱会の権利）を認めるかどうかである。嫌がる人間にある行動を押しつけるリーダーがいるとすれば、それはエンカウンターではなくカルト集団である。

② 「永遠不滅の絶対的存在」の有無

第二の違いは、エンカウンターはやがて解散する集団であることを、全員が容認していることである。

われわれの集団は永遠であるというビリーフがない。つまり、個を育てる方便としての集団であるとの共通認識がある。それゆえ、解散時に作る名簿に名を残したくない人もいる。そしてそれを認めている。したがって、脱落者・脱会者というレッテルは貼られない。個の自由が保証されている。個人の自由が終生しばられるような集団ではない。

では、カルト集団ではない伝統的な宗教とエンカウンターはどこが違うか。神仏の前では身分・地位に関係なく信者はお互いに仲間（fellow）である。つまり、パーソン対パーソンの関係である。上司と部下、支配者と被支配者の関係ではないという人間観は、伝統的宗教とエンカウンターは似ている。しかし、仲間集団を超えるところに絶対者を想定するかしないかという哲学に違いがある。

実存主義の流れをくむエンカウンターには、「永遠不滅の絶対的存在」「人間が身をまかせうる（帰依できる）不変の存在」がない。自分をいたわってくれる絶対者（父・母イメージ）はいない。それゆえ、親をもたない子ども同士が肩を寄せあって生きている図――これがエンカウンターの人間関係である。身を寄せるもの――寄らば大樹の蔭がない。それゆえにこそ、人へのなつかしみ、やさしさがひとしおなのである。祈りに相当するリチュアル（儀礼）が、エンカウンターでは「フリーウォークと握手」というエクササイズや、ことあるごとの「シェアリング」である。神仏とのコミュニオン（親交）のかわりに、仲間同士のコミュニオンとして、握手やシェアリングが登場するのである。

③ 戒律の差

もう一つの相異は戒律の差である。

エンカウンターは在家仏教のようなもので、戒律（集団の規範）をもつプロの僧侶集団に相当するものはない。しかしこの在家には、エンカウンターの中でのメンバーの言動を、酒の肴にしないという守秘義務と、相互に自己開示しあうというルールがある。そのほか特に「……しなければならぬ」という戒律はない。リーダーには職業倫理という戒律があるが、メンバーにはそれがない。

しかし、戒律がないからといって、エンカウンターがレクリエーション集団になることはない。それは係活動、グループ生活のルール、エクササイズやシェアリングの条件

（例：グループサイズ、時間、トピックなどの指定）などいくつかの枠が与えられるからである。これは要するに、宗教の戒律は神仏との契約であり、エンカウンターのルールは仲間との契約である。

神仏との契約とは交流分析風にいえば、P（神仏）とC（信者）の契約であり、エンカウンターの契約はAとAの契約である。つまり、親子関係と友達関係の差である。したがって対照的にいえば、エンカウンターに参加する人は友達を求め、宗教に参加する人は親を求めているといえる。

ということは、エンカウンターのリーダーが教祖風になるとメンバーは立ち去り、宗教のリーダーがエンカウンターのリーダー風になると、信者はもの足りなくなると推論される。私の提唱するエンカウンターのリーダーは教育者（厳格にいえば、教育カウンセラー）である。家長的になってもよいが、教祖にはならないほうがよい。教祖にならないためには、エンカウンターリーダーは絶えずカウンセリング理論を頭において判断することである。つまり、実証性と論理性を保持することである。

教育とカウンセリングの識別

教育とは、ソーシャライズ（社会化）することである。「年長者には敬語を使うのですよ」「借りた本は返すのですよ」「約束の時間は守るのですよ」と世の中のしきたり（文化）を親は子どもに教育している。同じことが小・中・高・大の教師によって行われている。つまり、教育には禁止・命令を含む指示は不可欠である。ニイルの自由主義教育においてもそうである。教師がやかましく言わないかわりに、生徒の自治会が現実原則を守るための罰を与えている。

ところが、日本に導入されたカウンセリング理論は、たまたまロジャーズ理論であったがゆえに、「子どもの声に耳を傾けよ」「ああせよ、こうせよと教えてはならぬ」というビリーフが、教育界を支配した。これは、カウンセリングと教育の識別をつけなかったからである。ロジャーズよりも、十数年あとから登場したエリスの論理療法では「ああせよ、こうせよ」と指示・論駁することをためらわない。いまやロジャーズは、ルソーやペスタロッチと同じように、思想も技法も古典である。私はそう思っている。すなわち、最近は教育的色彩の強いカウンセリング（例：サイコエジュケーション、エンカウンター）が登場するようになった。「教育の秘訣は教育せざるにあり」といった教育観を最近のカウンセリングは踏襲しないと言いたいのである。

最近のカウンセリングは教育的色彩が強いけれども、それでもなおかつ私は教育とカウンセリング（エンカウンターを含む）を識別する立場をとっている。「教師の使えるカウンセリング」「教育に役立つカウンセリング」「教師のためのカウンセリング研修」という私の表現がそれである。

例えば、教師がカウンセリング研修会に出かけるのは、カウンセラーに転職するためではなく、いまよりベターな教師になるためである。カウンセリングの発想と技法の中に教育に生かせるものはないかを発見したいからである。

そして多くの教師がそこで発見したのがエンカウンターである。エンカウンターはふれあいと自己発見の促進のほかに、授業や進路指導や特別活動でも応用される時代になりつつある。総合的な学習の時間にエンカウンターを導入しようという教師の声も時代を物語っている。

ジェネリックSGEとスペシフィックSGE

ここで次のように、エンカウンターの状況を整理しておきたい。

エンカウンターの目標をそっくりそのまま、教育の中に導入する場合（ふれあいと自己発見のためのエンカウンター）と、教育目標達成のための手段としてエンカウンターを導入する場合（例：進路意識を高めるためにエンカウンターを活用）とがある。前者の場合を「ジェネリックSGE」、後者の場合を「スペシフィックSGE」と私は呼称している。そして両方とも時代の要請に答えてどんどん実践・開発がなされている。

図書文化刊『エンカウンターで学級が変わる』（全八巻）には、ジェネリックとスペシフィックの両方のエンカウンターがバランスよく記述されているが、二〇〇〇年秋にはスペシフィックSGEに焦点をしぼった『エンカウンターで総合が変わる』の小学校編と中学校編がそれぞれ刊行された。

このように、これからの教育技法としてエンカウンターは不可欠のものになる。しかし、それでもなおかつエンカウンターがカバーしきれない教育の分野が残る。それは知識の教育とスキルの教育である。

教育とカウンセリングの両方になじみをもつ

エンカウンターでふれあいと自己発見ができても、産業革命が現代人にどのような影響を与えているかといった知的解釈ができるようになるわけではない。また因数分解やH_2Oの意味がわかるようになるわけでもない。

また、エンカウンターのおかげで自己開示できるようになり、人生が楽しくなったからといって、レポートの書き方（スキル）がうまくなるとか、コンピューター操作や英会話やピアノ（スキル）が上手になるというわけではない。エンカウンターは、どういう問題にどういうふうに使えば有効かを研究すると同時に、エンカウンターだけではいかんともしがたいのはどういう問題かについても、絶えず調査している必要がある。どのカウンセリング理論、どのカウンセリング形態にも限界がある。その限界に気づかないとエンカウンター横行となる。

エンカウンターにはカバーしきれない教育分野があるといったが、間違いなく言えることは、エンカウンターは教育とカウンセリングの両方になじみのあるリーダーの使える援助法ということである。教育しか知らない人が、エンカウンターを用いると授業のようになり面白みがない。カウンセリングしか知らない人がエンカウンターを用いると、イメージ志向・自己分析志向のエクササイズが多くなる。つまり、自分とのエンカウンター（Encounter with Self）が主となり、人とのエンカウンター（Encounter with Others）が従になりがちである。

そこでエンカウンターは教育とカウンセリングの両方になじみのある人間（例：教育カウンセラー）が企画実施するのが理想的ではないか、という結論になる。

集団心理療法（治す）とエンカウンター（育てる）

集団心理療法とエンカウンターとの違いは何か。抽象的にいえば、目標と方法と対象が異なる。

グループサイコセラピーの対象は、精神的疾患を有する人である。病理的問題の解決をねらいとした援助法である。グループエンカウンターは健常者を対象にしたパーソナリティや人間関係の教育開発をねらいとしたグループ体験である。

したがって、本来はグループサイコセラピーに参加すべき人をグループエンカウンターに参加させないほうがよいということである。それは心理療法を要する人は自我に問題があると想定されるからである。自我に問題があるとは、例えば、フラストレーション・トレランスが低い（我慢する能力が乏しい）、柔軟性が乏しい（思いこんだら脇目もふらず）、現実判断能力が乏しい（非常識、とんちんかん、的はずれ）ということである。それゆえ、普通の人なら平気な場面でも、すぐに落ち込んだり、他者非難したり、弁解・前置きが長い発言になったり、メンバーをカウンセラーがわりにしてカタルシスをするなどの傾向がみられる。その結果、後味の悪い思いを残してエンカウンターを解散することもありうる。

自我の成熟度の高いほどエンカウンターは展開しやすいし、学習量も豊かとなる。例えば、リーダーとしての私の経験では二十歳前後の学生のエンカウンターよりも、四十歳前後の社会人大学院生のエンカウンターのほうが運営は楽であり、後味もよい。それゆえ、小・中・高校生対象のエンカウンターリーダーは相当の工夫をしていると推察する。例えば、『エンカウンターで学級が変わる』（全八巻）の執筆者二〇〇人余は、いずれも立派な実践家兼研究者（Practitioner Scientist）であると、監修者の私は自負している。

心理療法の目的は「治す」、エンカウンターの目的は「育てる」である。治るとは病理現象が消滅することである。育てるとは人の自由を奪わずに、自分の自由をエンジョイできる人間にすることである。

エンカウンターは、前述した理由で心理療法を要する人を受け入れてはいない。たしかにエンカウンターは治療グループではない。エンカウンターは学級担任の守備範囲である。また方法・技法もセラピーとエンカウンターとでは違う。これは識別しておいたほうが現実的である。

セラピストとエンカウンターリーダー

ところが、セラピーもエンカウンターも本質は同じではないかという考えも成り立つ。それはこうである。精神分析理論は、治るとは「現実原則に従いつつ快楽原則が満たせる人間になること」であると考える。エンカウンターはそのあとを受けてこう考える。「そういう人間になるには、人間集団の中で自分の生き方・あり方を気がねなく実験・試行することである。つまり、治るとは自分自身になりきる勇気（To be cured is to be yourself）をもつことである」と。つまり、エンカウンターが提唱する自由人になることと、セラピーでいう治ることとは同じこととなる。

また、精神分析者のサティの理論では、人が精神疾患になるのは愛を求めて得られないからである（サティ『愛憎の起源』黎明書房　二〇〇〇年）と考える。つまり、愛が人を癒すのである。ところがエンカウンターでは、参加者がお互いの世界を共有しあうので自他一体感が生じる。このシェアリング（共有）がサティの愛（母子一体感）に近いと思われる。この内的共有体験（ふれあい）が自己発見の源泉にもなっている。

したがって、精神分析と実存主義とサティ理論をフレイムにすれば、治療と教育は本質的に異質なものではないということになる。セラピストもエンカウンターのリーダーも本質的には変わらないことになる。対象が違うので、方法（セラピーとエンカウンター）が違ってくるというだけの話である。

その方法の違いとは、例えていえば麻酔をかけて手術するか、傷口にいきなりヨードチンキをつけて「痛い……」と叫んでもそのままにしておくのかの差である。心理療法は自我機能が低下している人を相手にするので、様子をみながら手加減するが、エンカウンターは手加減がない。つまり、心理療法とエンカウンターの差は「おかゆ」と「固形食」の差である。

例えば、セラピーでは系統的脱感作を用いる。自律訓練法を併用して、徐々に不安・恐怖の逆条件づけをする。ところがエンカウンターでは対人不安のある人にも「三人の小グループの前で一人一分ずつ話す」という課題を実行させる。これはぶっつけ本番の脱感作法（現実場面脱感作法）である。

セラピストが母性原理志向とすれば、エンカウンターリーダーは父性原理志向といえそうに思う。メンバーには畏敬の対象を求める心理があるので、エンカウンターのリーダーは親分肌・姉御肌になることをためらうことはない。

あとがき

共著者六人は筑波大学のとりもつ縁で仲間になった。國分康孝が大学で教鞭を執っていたころ（平成一年から八年まで）、私をのぞく共著者は、筑波大学夜間大学院（カウンセリング専攻）で修士号を取得している。

片野智治さんは、構成的グループエンカウンター、サイコエジュケーションの分野での研究論文が多く、彼の研究論文はいくつも学会誌に掲載されている。埼玉県立大学の非常勤講師で、筑波大学大学院と東京理科大学の講師もつとめていた。エンカウンターの研究者であり同時に実践者でもある。

岡田弘さんは現在聖徳栄養短期大学の専任講師である。教員研修の導入部分にエンカウンターを実施すると学習意欲が高まるとか、新入生に学年ぐるみでエンカウンターをするとドロップアウトが激減するなど、エンカウンターの効果測定に関心がある研究者である。

加勇田修士さんは単位制高等学校（都立新宿山吹高等学校）の中でカウンセリング・サービスをどう構成し、どう提供するかをテーマにしている教師出身のカウンセラーである。保護者対象のエンカウンターは好評でビデオにもなっている（㈱テレマック）。教科を担当しないカウンセリング専任の教師としては大池公紀さん（都立晴海総合高等学校）とともに日本で先陣を切っているヤングである。ただし、ヤングといっても私から見ればの話である。

吉田隆江さんは授業に生かすエンカウンターを修士論文のテーマにし、その後もこれを拡大し、日常生活に生きるエンカウンターを提唱している武南高等学校の教諭である。この高校のガイダンスセンターには、全国から高校教師の見学者がつめかけていると聞いている。また彼女は研修会講師や学会シンポジウムの話題提供者をつとめるなど、エンカウンターの普及に貢献している。

私ども六人は、毎年恒例のエンカウンター・ワークショップでのリーダー仲間である。それゆえ二回の編集会議も楽しいシェアリングであった。

ところで本書の企画は、図書文化社出版部の東則孝さんの発案であり、東さんの助手役を務めたのが渡辺佐恵さんである。また編集作業は辻由紀子さんのお世話になった。私ども執筆者はいずれも彼らと同じ世代の人々を教え子にもつ年齢である。にもかかわらずこの三人のヤングは、私どもにプロフェッショナル編集者としての洞察と腕をみせてくださったことに敬意を表したい。

最後にこの企画を実現してくださった図書文化社の清水庄八社長に心から感謝する次第である。

國分久子

平成十二年十月

■執筆者紹介

國分康孝　東京成徳大学教授　日本教育カウンセラー協会会長
上級教育カウンセラー

こくぶ・やすたか　1930年生まれ。東京教育大学，同大学院を経てミシガン州立大学カウンセリング心理学専攻博士課程修了，Ph.D.。ライフワークは折衷主義，論理療法，構成的グループエンカウンター，サイコエジュケーション，教育カウンセラーの育成。著訳書100余冊。

國分久子　千葉短期大学教授　日本カウンセリング学会理事
上級教育カウンセラー

こくぶ・ひさこ　1930年生まれ。関西学院大学卒業。ミシガン州立大学大学院修了，M.A.(児童学)。メリルパーマー研究所で児童心理療法とカウンセリングを学ぶ。論理療法のアルバート・エリスと，実存主義者のクラーク・ムスターカスに影響を受けた。

片野智治　埼玉県私立武南高等学校教諭　埼玉県立大学非常勤講師
上級教育カウンセラー

かたの・ちはる　1943年生まれ。筑波大学大学院カウンセリング専攻修士課程修了。日本カウンセリング学会認定カウンセラー。人生でよい出会いを体験し，同時によい別れに出会っている。この人生にはだれかがどこかでエールを送ってくれていると感じている。

岡田　弘　**聖徳栄養短期大学講師　上級教育カウンセラー**

おかだ・ひろし　1952年生まれ。筑波大学大学院カウンセリング専攻修士課程修了。國分先生ご夫妻の提唱された構成的グループエンカウンターが，日本の教育の未来を明るくする。それゆえ，正しいエンカウンターの伝道者たらんと心がけている。

加勇田修士　**東京都立新宿山吹高等学校教諭・相談部専任カウンセラー**
上級教育カウンセラー

かゆた・おさむ　1945年生まれ。東京水産大学卒業。筑波大学大学院カウンセリング専攻修士課程修了。「総合的な学習の時間」への「サイコエジュケーション」の導入，日本に合った学校教育相談の理論化にエネルギーを傾けている。

吉田隆江　**埼玉県私立武南高等学校教諭　上級教育カウンセラー**

よしだ・たかえ　1956年生まれ。筑波大学大学院カウンセリング専攻修士課程修了。日本カウンセリング学会認定カウンセラー。SGEとの出会いは，私の人生に仲間とやさしさを与えてくれたのだと再認識させてもらった。今年逝った父に報告したい。

エンカウンターとは何か―教師が学校で生かすために―

2000年11月10日　初版第１刷発行　［検印省略］
2014年10月10日　初版第10刷発行

©著　者　國分康孝　國分久子　片野智治
　　　　　岡田　弘　加勇田修士　吉田隆江

発行人　福富　泉
発行所　株式会社　**図書文化社**
〒112-0012　東京都文京区大塚1-4-15
TEL 03-3943-2511　FAX 03-3943-2519
振替　00160-7-67697
http://www.toshobunka.co.jp/
装幀者　本永惠子
印刷所　株式会社　高千穂印刷所
製本所　株式会社　駒崎製本所

ISBN978-4-8100-0329-1　C3037
乱丁・落丁本の場合はお取り替えいたします
定価はカバーに表示してあります